**기독교문서선교회** (Christian Literature Center: 약칭 CLC)는 1941년 영국 콜체스터에서 켄 아담스에 의해 시작되었으며 국제 본부는 미국 필라델피아에 있습니다. 국제 CLC는 약 650여 명의 선교사들이 59개 나라에서 180개의 서점을 운영하며 이동 도서 차량 40대를 이용하여 문서 보급에 힘쓰고 있으며 이메일 주문을 통해 130여 국으로 책을 공급하고 있는 국제적 문서선교 기관입니다.

추천사 1

김 의 원 박사
전 총신대학교 총장, 현 AETA 대표

교회는 세상의 유일한 희망입니다. 예수 그리스도를 통해 거듭난 그리스도인이 교회공동체를 중심으로 새천년을 이끌어가야 합니다. 새천년의 교회는 수고하고 지친 세상의 영혼들에게 영원히 목마르지 아니하는 영생의 샘물을 길어 올려 생명의 강이 메마른 영혼의 사막에 흘러가게 하는 소망의 통로가 되어야 합니다. 성경적 교회는 급변하는 교회 현장 속에서도 성경이 말하는 교회의 본질과 원리에 따라 사역해야 합니다.

이 책은 성경적 원리와 방법대로 행한 결과, 새천년에 꽃피운 '말씀 공동체'의 이야기를 담고 있습니다. 저자는 30년이 넘는 세월 동안 오직 앞만 바라보며 전심으로 성경적 원리와 방법대로 사역했습니다. 그는 예수 그리스도께서 보여 준 방법대로 양 떼를 사랑하고 섬기며 돌보는 사역에 주력했을 뿐만 아니라 바울처럼 주님이 핏값으로 사신 공동체를 위해 기꺼이 희생하여 대륙 대학생들과 함께 살며 기쁨과 고통을 함께 나누었습니다.

그뿐만 아니라 그는 초대 교회처럼 '모여 배우는 사역'에서 '흩어져 가르치는 사역'을 지향함으로 급격하게 성장해 가는 대륙 사회 속에서 수많은 제자를 길러 사회와 문화 속에서 폭넓게 영향력을 발휘하도록 이끌었습니다.

저자는 셋집에서 성경을 가르쳤던 바울과 똑같은 삶을 살았습니다(행 28:30). 그는 일찍이 대학생 선교단체 간사로써 헌신했고 젊은 대학생들에게 성경을 탁월하게 잘 가르치는 교사였습니다.

그는 주님의 부르심이 있어 대륙으로 건너가서 T 지역의 일류대학생들에게 열정적으로 복음을 전하는 전도자의 삶을 살았습니다. 예수님을 알지 못하는 대학생들에게 복음을 전하고 성경을 배우기를 원하는 자들을 바울처럼 집으로 초대하여 성경을 집중적으로 가르쳤습니다. 대학생들과 셋집에 동거하면서 디모데와 같은 제자들을 육성했습니다.

그의 제자들은 졸업 이후에 셋집에서 배운 대로 "충성된 사람들"을 가르쳤고, 곳곳에 흩어져서 "다른 사람들"을 양육했습니다(딤후 2:2). 그는 바울의 모범대로 대학생들과 동거하면서 성경을 가르치는 가운데 희로애락을 함께 체휼하면서 그들의 롤모델이 되었습니다. 그동안 성경을 배웠던 제자들과 그들의 제자들은 대륙 곳곳에 사회와 문화 속에 스며들어 선한 영향력을 발휘하면서, 현대 대륙의 미래를 세워가고 있습니다.

이 책은 성경 공부가 무엇이고, 지난 세월 동안 어떻게 제자들을 양육했는지를 잘 보여 줍니다. 저자는 눈에 보이는 형태와 숫자에 연연하지 않고 본질, 곧 성경의 원리와 방법에 따라 사역하고자 몸부림

쳤습니다. 본질의 사역에 충실할 때 주님은 지혜, 사람, 비전을 줍니다. 저자는 주님의 비전에 따라 성경이 가르치는 핵심 원리와 영원한 가치, 즉 하나님 사랑, 이웃 사랑, 사람을 세우는 제자 훈련, 공동체를 지향하는 소그룹 사역에 충성했습니다.

이 책에는 사역의 본질이 힘차게 약동하고 있습니다. 성경적 사역의 본질과 더불어 온몸으로 실천한 일을 잘 보여 주고 있습니다. 그 여정 속에서는 연약한 인생인 사역자가 하나님 뜻을 순종하기 위해 자신을 십자가에 못 박는 치열한 모습이 여기저기에 담겨 있습니다. 그리고 대륙의 약동하는 세대에게 성경 말씀을 전달하기 위해 엎드려 기도하다가 들려주신 하나님 말씀에 철저히 순종했던 과정을 적나라하게 그려내고 있습니다.

추천자는 기쁜 마음으로 복음을 전하며 말씀 사역을 하기를 원하는 사역자들뿐만 아니라 주의 모든 제자에게 이 책을 강력하게 추천하고자 합니다. 왜냐하면, 급변하는 환경 속에서도 성경적 원리대로 사역한다면 동일한 열매, 아니 그보다 더 큰 열매를 가져다줄 것이기 때문입니다.

추천사 2

황 성 주 박사
KWMA(한국세계선교협의회) 회장, MET 중동선교회 이사장
(주)이롬그룹 회장, 분당 사랑의병원 원장

선교는 수동태 사역입니다. 성령 하나님이 앞서가시고 우리는 철저하게 따라가는 동행자 사역입니다.

이 책에서 저자는 선교적 삶에서 성령의 주도권을 인정하며 놀라운 열매를 맺게 된 것을 생생하게 증언합니다. 그는 대륙 깊숙이 영적 영향력으로 침투하는 사역을 감당하면서 자비량 사역을 병행하는 차세대 선교 모델의 개척자로서의 본을 보여 주었습니다.

또한, 특별한 은혜로 다음 세대의 자비량 2세 선교사를 키워냈습니다. 이 책의 진솔한 간증을 통해 수많은 평신도와 청년들이 지상명령에 기쁨으로 동참하는 계기가 되길 기도합니다.

추천사 3

홍 마 가 선교사
Global Campus Mission International 대표

마태우스 선교사님의 대륙 선교 사역을 담은 책 출간을 진심으로 축하합니다.

귀한 회고록을 읽는 내내 사도들을 통해 일어났던 사도행전의 역사가 오늘날 우리 가운데서도 일어나고 있음을 감탄하며 단숨에 끝까지 읽어갈 수 있었습니다.

건강이 안 좋으신 가운데서도 집필을 마칠 수 있게 하신 하나님께 영광을 돌립니다. 선교사님의 회고록은 다음과 같이 여러 측면에서 예수 그리스도 복음의 향기를 드러낸다고 생각합니다.

첫째, 선교사님의 거듭남의 은혜가 뚜렷합니다. 중생하기 전 선교사님의 주 관심사는 사업을 잘하여 돈을 많이 버는 것이었습니다. 그러나 "생명의 빛이신 예수님"(요 1:4)을 만나 모든 어두움을 벗고 전에는 한 번도 체험하지 못한 내면의 진정한 기쁨을 갖게 되었습니다. 그래서 모든 것을 버리고 예수님께 헌신 되어 일생을 대륙 선교에 헌신한 삶을 살았습니다.

둘째, 많은 제자가 복음의 열매로 맺어져서 선교사님의 뒤를 따라 헌신된 삶을 사는 것입니다. T 대학과 B 대학을 졸업한 최고의 수재들이 예수님의 제자들로 헌신 되어 복음 전파에 힘쓰고 선한 영향력을 대륙 전역에 나타내는 복음의 향기가 책 곳곳에 나타나고 있습니다. 우리가 선교에 힘쓰다 보면 자녀들에게 소홀하여 그들이 복음에서 떠난 예도 많은데 선교사님의 자녀들은 복음 안에서 잘 자라서 대를 이어 선교에 헌신하는 모습도 참으로 아름답습니다.

셋째, 끊임없이 불가능에 도전하고 주님께서 살아 역사하심을 보여 주고 있습니다. 선교사님의 대륙 선교는 수교 전 선교 후보들의 비자를 돕기 위하여 대륙을 방문했다가 그 자신이 주님의 부르심을 받고 순종하여 시작되었습니다.

수교 전인지라 모든 것이 열악했습니다. 사역이 성장하면서는 핍박에 직면하고 물가가 비싼 T 지역에서 바이블 하우스를 얻는 문제 등은 거대한 산과 같았습니다. 자비량 선교로 시작했기에 말할 수 없이 많은 재정적 난관이 있었습니다. 그때마다 무릎 꿇고 기도하며 신실하신 하나님의 도우심으로 어려움을 돌파했습니다.

더욱이 복음이 한곳에 머무르지 않고 T 지역을 넘어서 여러 지방에 전도팀을 파송하여 20개 도시에 교회가 세워지고 30여 명의 해외 선교사를 파송(아프리카까지)한 사역은 '현대판 사도행전의 역사'입니다.

오늘날 과학 문명이 발달되고 물질주의와 양극화된 사회 구조 그리고 극심한 개인주의, 각종 SNS 영향 속에 많은 사람이 이기적으로 되고 가치관이 전도된 사회 속에 살아갑니다. 각종 재난의 소식이 우리를 우울하게 합니다. 한마디로 복음의 빛이 희미해져 가고 있습니다. 이러한 때 우리 선교사님의 대륙 선교 회고록이 복음의 빛을 다시 밝히는 계기가 되리라 믿으며 하나님께 감사드립니다.

특히, 복음에 헌신된 '다음 세대 지도자들'을 세우는 책무가 중요한 시점에서 우리 CMI(Campus Missions International) 출신의 선교사님이 귀한 책을 출판하게 되어 하나님께 감사드립니다.

우리 CMI의 선교 정신(복음 전파, 일대일 성경 공부, 제자 훈련, 자비량 선교)을 그대로 실천하신 삶이라 다음 세대 지도자들에게 그 선교 정신이 전수되리라 믿습니다. 귀한 책이 한국 교계에도 다시금 선교의 불꽃을 피우는 데 기여하길 바라며 이 책을 기쁨으로 추천합니다.

추천사 4

문 상 철 박사

Biis, 카리스교차문화학연구원 원장

 이토록 아름다운 한국 선교 역사의 한 장을 읽으며 하나님을 찬양합니다!

 33년간 여러 희생을 무릅쓰고 대륙 선교에 헌신하신 마태우스, 사라 선교사님께 경의를 표합니다. 이 사역을 도운 CMI 선교단체와 CMI 대구지부(담임목사: 서디모데, 원로목사: 정갈렙)에도 감사를 드립니다.

 나는 이 회고록이 성육신적 사역(incarnational ministry)의 한 생생한 사례라고 믿습니다. 성육신적 사역은 결코 유약한 것이 아니라, 궁극적으로 많은 열매를 맺는 권능의 사역임을 이 스토리들은 웅변적으로 증거합니다.

 이런 성육신적 사역을 위해 마태우스 선교사님 가족은 전적으로 헌신하셨습니다. 마태우스 선교사님 내외분과 자녀들의 헌신은 시너지를 내며 복음을 전인적으로 증거하셨습니다. 그 결과로 놀라운 부흥의 역사를 섬길 수 있었다고 믿습니다.

이 책에 기록된 바대로, 현지인 제자들과의 긴밀한 동역은 바람직한 사역적 재생산을 이루는 핵심적 비결이라고 여겨집니다. 겸손한 선교사의 영성이 이런 모범적인 동역을 통해 놀라운 성과를 이루었다고 믿습니다.

이 회고록은 선교 사역에 대해 배울 수 있는 생생한 사례라고 믿습니다. 많은 선교 사역자와 관심자들 그리고 후원자들이 이 책에서 증거된 복음의 초월적 능력을 믿으며 더욱 담대히 헌신할 수 있기를 바랍니다.

추천사 5

강 대 훈 박사
총신대학교 신학대학원 신약학 교수

  이 책은 33년을 대륙 복음화를 위해 헌신한 마태우스 선교사의 생애를 담은 서사입니다. 책에는 아내 사라 선교사의 간증도 들어 있습니다. 자녀들의 신앙 여정도 담겨 있습니다. 예수 그리스도를 통해 시작된 복음에는 하나님의 종들을 통해 확장되는 특징이 있습니다.
  사도행전에서 복음은 하나님의 종들을 통해 예루살렘에서 땅끝으로 뻗어 나갔습니다. 마태우스 선교사는 대륙 A에서 복음의 씨앗을 심었고 T 지역에서 죽도록 헌신했습니다. 마태우스, 사라 선교사를 통한 'T 행전'은 한 편의 영화와 같습니다. 하나님은 두 선교사를 통해 D 지역과 E 지역로 나아가 대륙 전역으로 복음을 확장하셨습니다. 한 가정이 뿌린 복음의 씨앗은 수많은 대륙 영혼을 열매로 맺었으며, 제자들은 아프리카와 무슬림 지역으로 파송 받아 복음을 전하고 있습니다.
  마태우스 선교사님의 선교는 성경 말씀과 희생을 통한 복음 전파입니다. 선교 초기부터 대륙어로 성경을 가르쳤고 여러 권의 성경 공부 강의안을 집필했습니다. 선교사님 가정은 현지 학생들과 공동생활을 하면서 삶을 드렸습니다. 그 과정에서 자녀에게 폐결핵이 전염되기도 했습니다. 사라 선교사님은 안정된 교사의 직장을 버리고 대륙 복음화를 위해 평생 헌신했으며 가정에서 수십 년을 섬긴 결과 목디스크를 얻었습니다.

마태우스 선교사님은 복음을 전하는 과정에서 여러 질병을 앓아야 했습니다. 지금은 파킨슨으로 투병 중이며, 굳어가는 손가락으로 회고록을 집필했습니다. 복음 운동은 현지인들에게 신학을 체계적으로 가르치고 노회를 구성하는 단계로 나아갔습니다. 마태우스 선교사님은 복음을 위해 준비된 인재들을 미국의 복음적인 신학대학원으로 보내 미래를 준비했습니다.

나는 마태우스, 사라 선교사님의 선교 사역을 30년 이상 지켜보았습니다. 두 분의 선교 보고와 여정을 통해 감격하고 감사했던 시간이 많았습니다. 운동을 잘하시는 마태우스 선교사님은 언제나 지적이었으며, 지치지 않는 열정으로 사람들의 심장에 복음의 불을 지폈습니다. 두 분이 선교 보고를 전할 때마다 대륙 영혼을 향한 마음이 불타올라 눈물을 흘린 장면들을 잊을 수 없습니다.

또한, 나는 훌륭하게 자란 2세 선교사 자녀들을 갓난아기 때부터 보았습니다. 성령께서 선교사님들을 통해 이루신 선교 운동이 이제 기록으로 남게 됐습니다. 이는 한국 교회와 해외 선교 사역을 위해 참으로 중요하고 소중한 자료가 될 것입니다.

마태우스 선교사님 한 분을 통해 복음으로 대륙의 청년들을 움직이신 하나님을 찬송합니다.!

혼미한 땅에 심겨진 겨자씨

33년간 성령이 보호하신 어느 대륙 선교사 이야기

The calling toward mustard seeds
Written by Missionary Matthaeus
All rights reserved.
Korean Edition Copyright ⓒ 2025 by Christian Literature Center, Seoul, Korea.

혼미한 땅에 심겨진 겨자씨
33년간 성령이 보호하신 어느 대륙 선교사 이야기

2025년 7월 20일 초판 발행

지은이	마태우스
편 집	추미현
디자인	박성준, 소신애
펴낸곳	(사)기독교문서선교회
등 록	제16-25호(1980.1.18.)
주 소	서울특별시 동대문구 천호대로71길 39
전 화	02-586-8761-3(본사) 031-942-8761(영업부)
팩 스	02-523-0131(본사) 031-942-8763(영업부)
이메일	clckor@gmail.com
홈페이지	www.clcbook.com
송금계좌	기업은행 073-000308-04-020 (사)기독교문서선교회
일련번호	2025-57

ISBN 978-89-341-2840-3 (03230)

이 책의 출판권은(사)기독교문서선교회가 소유합니다.
신저작권법에 의하여 한국 내에서 보호받는 저작물이므로 무단 전재와 무단 복제를 금합니다.

The calling toward mustard seeds
혼미한 땅에 심겨진 겨자씨

마태우스 지음

CLC

목차

추천사 1 **김의원 박사** | 전 총신대학교 총장, 현 AETA 대표	1
추천사 2 **황성주 박사** | KWMA(한국세계선교협의회) 회장 외	4
추천사 3 **홍마가 선교사** | Global Campus Mission International 대표	5
추천사 4 **문상철 박사** | Biis, 카리스교차문화학연구원 원장	8
추천사 5 **강대훈 박사** | 총신대학교 신학대학원 신약학 교수	10

들어가며 … 19

제1부 구원과 부르심 … 22
제1장 내가 만난 생명의 빛 예수님 … 23
제2장 대륙 선교사로 부르시다 … 30

제2부 대륙 초기 개척 역사 … 39
제3장 첫 개척지 A 지역에 복음의 씨앗을 뿌리다 … 40
제4장 A 지역에 첫 제자가 세워지다 … 43
제5장 A 지역을 떠나 T 지역으로 … 46
제6장 아내와 자녀들의 합류로 가정교회가 세워지다 … 51
제7장 자비량 선교사의 고충 … 53

제3부 T행전 · 56

제8장 T 지역의 마가 다락방 · 57

제9장 자녀들의 교육문제를 해결해 주시다 · 60

제10장 성경 공부와 소감 쓰기, 공동체 생활로 제자들이 세워지다 · 62

제11장 찬양기도 모임으로 은혜에 기름을 붓다 · 68

제12장 T 지역 선교의 세 고비를 지나가다 · 70

제13장 H 지역 핍박 · 77

제14장 H 지역 핍박의 후유증을 극복하다 · 80

제15장 부대 안에서 수련회를 열게 하신 하나님 · 85

제16장 수련회에 임한 불같은 성령의 은혜 · 87

제17장 국제기관 종사자도 구원 얻게 한 복음의 능력 · 94

제18장 전 가족을 질병의 위협에서 건져 주신 하나님 · 97

제4부 T 지역에서 타지방으로 복음이 퍼져가다 · 101

제19장 L성 M 지역 개척 · 102

제20장 I 지역에서 공무원에게 복음을 선포하다 · 106

제21장 D 지역 가정교회에 임한 은혜 · 109

제22장 무슬림 지역에 복음을 전하다 · 112

제5부 성장에서 성숙으로(T 지역을 떠나다)   117

  제23장 신학교육과 대륙인 목회자 양성   118

  제24장 T 지역을 떠나 D 지역으로   120

  제25장 D 지역에서 다시 E 지역으로   122

제6부 대륙 선교를 돌아보며(선교 방법과 감사의 말씀)   124

  제26장 우리의 선교 방법   125

  제27장 최고의 배필, 아내에게   131

  제28장 나의 고백과 기도   133

부록

Ⅰ. 아내, 사라 선교사의 간증과 시   138

  1. 주님의 구원이 나에게 임하다
  2. 왜 그토록 기뻤는지 주님만이 아시죠.(대륙 선교 33년)
  3. 33년 선교의 열매와 디아스포라 선교 사역
  4. 사라 선교사의 詩

Ⅱ. 자녀의 시 (초등학교 3년때 쓴 둥이의 시)   168

Ⅲ. D 지역과의 아름다운 연합사역 (다윗 승리 선교사)   170

* 일러두기: 보안상의 이유로 사진 자료는 넣지 않았으며, 지역 이름은 임의로 약호 표기 했습니다.

들어가며

코로나로 전 세계가 떠들썩하던 2021년이었습니다. 저는 잠시 한국에 들렀다가, 선교지인 대륙으로 돌아가는 길이 막혀 발이 묶이고 말았습니다. 그러던 어느 날, 수요예배를 드리던 중 성령님의 음성이 들려왔습니다.

"주의 크신 일을 기억하라!"

마가복음 8장에서 제자들은 예수님이 떡 일곱 개와 작은 생선 두어 마리로 사천 명을 배불리 먹이시고 일곱 광주리 가득히 남는 기적을 경험합니다. 그런데 그들은 돌아가는 배 안에서 예수님이 "바리새인들의 누룩과 헤롯의 누룩을 주의하라"(막 8:15)고 말씀하실 때 떡을 한 개밖에 준비하지 못한 것 때문에 염려합니다. 그 모습을 보신 예수님은 제자들을 꾸짖으십니다.

> 너희가 어찌 떡이 없으므로 수군거리느냐 아직도 알지 못하며 깨닫지 못하느냐 너희 마음이 둔하냐 너희가 눈이 있어도 보지 못하며 귀가 있어도 듣지 못하느냐 또 기억하지 못하느냐(막 8:18).

저는 이 말씀을 들으며 주님께서 저를 통해 이루신 대륙에서의 크신 일들을 잊지 않고 기억하라고 말씀하시는 것 같았습니다.

말씀에 힘입어 부족한 저를 33년간 쓰셔서 대륙 땅에 이루신 하나님의 역사를 돌아봅니다. 대륙 선교를 시작하신 분도 하나님이시고 지금도 폭발적으로 역사하고 계신 분도 하나님이십니다.

나의 선교사로서의 삶을 돌아보면 수많은 핍박 가운데서도 지켜 주시고 33년이라는 시간 동안 단 한 번도 추방되지 않도록 성령께서 보호하신 시간이었습니다. 그뿐만 아니라 오직 말씀의 능력으로 수많은 영혼을 생명의 길, 구원의 길로 인도하신 하나님으로 가득 찬 시간이었습니다.

그동안 고난 속에서 하나님이 어떻게 지켜 주셨는지 기억합니다. 핍박을 이기는 믿음을 어떻게 배우게 하셨는지 기억합니다. 숱한 어려움 속에서도 어떻게 한 영혼이 주님을 만났는지 기억합니다. 공동생활을 하며 어떻게 제자들을 키우게 하셨는지 기억합니다. 제자들이 굳게 서서 교회가 어떻게 견고하게 세워져 갔는지 기억합니다.

이 모든 기억의 기록이 뒤에 오는 주의 제자들에게 순결한 믿음으로 열방을 품고 기도하며 섬기는 삶을 살아 내는 데 작은 힘이 되기를 소망합니다. 우리 부부에게도 지난 33년 동안 귀한 구속 역사에 사용해 주신 주님을 기억하므로 마지막 선교 여정을 오직 주님만 바라보며 끝까지 충성스러운 종으로 주님을 섬기게 되기를 소망합니다.

회고록이 나오기까지 기도해 주신 ㅎㅁㅇ교회 정갈렙 원로목사님, 서디모데 목사님 그리고 성도님들께 깊은 감사를 드립니다. 또한, CMI 선교부장 구모세 목사님과 CMI 동역자님들, 별처럼 아름다운 대륙의 선교사님들, 아름다운 연합 사역을 써 주신 다윗 선교사님과 승리 선교사님에게 깊은 감사의 마음을 드립니다. 아울러 바쁜 중에도 원고 정리를 도와주신 영섭 집사님과 순선 권사님께도 진심으로 감사드립니다.

끝으로 함께 믿음의 길을 걸어온 나의 아내 사라 선교사와 자녀들의 격려와 응원에 감사합니다. 또한, 영적 아들과 같은 수원 ㅈㅎ교회 김정석 담임목사님과 수진 사모님의 지지와 기도에 깊이 감사드립니다.

회고록을 쓰면서 나의 지병인 파킨슨으로 손이 굳어져 타이핑하기가 너무 힘들어 몇 번이나 포기하고 싶었습니다. 하지만 많은 분의 기도와 격려로 끝까지 마무리하게 되어 감사합니다. 돌아보면 모든 것이 주님의 한량 없는 은혜였음을 고백합니다. 함께해 주신 하나님께 모든 영광을 돌려드립니다. 할렐루야 아멘!

마라나타! 주 예수여, 어서 오시옵소서!

2025년 5월 동남아에서
마태우스

제1부
구원과 부르심

제1장 내가 만난 생명의 빛 예수님

제2장 중국 선교사로 부르시다

제1장

내가 만난 생명의 빛 예수님

저는 1954년 전라남도 순천의 조그마한 마을에서 4남 2녀 중 셋째로 태어났습니다. 우리 집은 경제적으로 풍족했지만, 큰형님과 여동생의 죽음, 6년 동안 사경을 헤매신 어머니로 인해 저는 늘 죽음의 권세에 눌려 있었습니다.

일제 강점기를 살았던 아버지는 보통학교(현재의 초등학교)를 다니기 위해 우리 마을에 살던 일본 앞잡이에게 매일 새벽 찾아가 입학시켜달라고 사정하셨지만, 끝내 동의를 얻지 못해 학교 문턱도 밟지 못하셨습니다. 이 때문에 자식들을 향한 아버지의 공부 욕심은 대단했습니다. 더 나은 학교에 다니게 하려고 8킬로미터나 떨어진 소학교에 다닐 수 있도록 허가를 받아 내셨습니다.

그래서 저는 매일 8킬로미터를 달려 등하교를 하게 되었습니다. 제가 달려서 학교에 다닌 것은 단지 거리 때문만은 아니었습니다. 읍에 있는 소학교까지 가는 도중 으슥한 곳에 있던 불량배들을 피해 먼 거리임에도 집들이 몰려 있는 동네 길로만 다녀야 했기 때문이었습니다.

열심히 공부한 덕에 저는 1975년 중앙대학교 광고홍보학과에 입학했습니다. 지금 생각하면 평생 예수님을 홍보하라고 보내셨나 봅니다. 대학을 졸업하고 출세하려고 체코를 상대로 무역업에 뛰어들었습니다. 하지만 당시 체코는 공산국가여서 우리나라와는 직접 교역이 불가능했습니다. 그래서 독일에 지사를 설립하고 세계 여러 나라를 열심히 날아다녔습니다.

그러던 중 1980년에 중학교 친구의 소개로 명륜선교교회 모임에 몇 차례 참석하게 되었습니다. 교회에서 몇 번 예배를 보았으나 마음은 온통 사업으로 가득 차 있었습니다. 친구가 계속 예배에 초청했지만, 제 마음은 그럴 여유가 없었습니다.

어느 날 예배가 끝나자, 김요한 목사님이 오셔서 시간이 있냐고 물으셨습니다. 목사님은 나와 성경을 공부하고 싶으셨던 것인데 저는 그냥 교제하자는 인사말인 줄 알고 그때마다 바쁘다고 했습니다. 예배 참석을 거절하자 이번에는 수련회에 초청을 받았습니다. 몸은 수련회에 있었지만, 마음은 여전히 사업 생각뿐이었습니다.

당시 우리나라는 체코 야블로넥스(Jablonex)사의 인조 보석을 수입했습니다. 그런데 체코와는 수교하지 않아 독일을 통해 우회로 수입해야 했습니다. 수입 관세가 100퍼센트였는데 독일 지사에서 일 처리를 제대로 못해 많은 손해를 보는 바람에 회사 사정이 어렵게 되었습니다. 저는 이 문제를 해결하기 위해 독일로 가게 되었습니다.

명륜선교교회를 다니던 친구가 제가 독일에 간다는 이야기를 듣고 식사를 같이하자고 했습니다. 약속한 식당에 갔는데 목사님 부부와 교회 사역자들까지 모두 여덟 명이나 와 계셨습니다. 그런데 식사 후 목사님이 저를 독일 단기 선교사로 파송하게 되어서 감사하다고 기도하시는 게 아닙니까. 속으로 '나는 선교사는 고사하고 아직 하나님을 믿지도 않는데 그런 기도를 하시다니' 하고 황당해했던 기억이 납니다.

기도 후에 독일 본(Bonn)에 있는 선교사들에게 선물을 전해 달라는 부탁을 받았습니다. 할 수 없이 선물을 받아 들고 독일 프랑크푸르트로 향하게 되었습니다. 독일에 도착한 후 회사 문제를 해결하는데 정신이 팔려 선교사들에게 선물을 전달하기로 한 약속은 까맣게 잊어버리고 한 달이나 지나게 되었습니다.

그러자 본에서 연락이 왔습니다. 자기들이 직접 프랑크푸르트로 가서 선물을 가져가겠다는 것입니다. 까맣게 잊어버린 것이 미안했던 저는 일주일 후에 선물 보따리를 들고 본으로 갔습니다. 본의 선교사들을 만난 저는 엄청난 충격을 받았습니다. 저는 저를 위해 열심히 일하는데도 기쁨이 없었습니다. 회사 직원들은 아무리 대우를 잘해줘도 불평이 가득했습니다. 그런데 선교사들에게는 기쁨이 넘쳤습니다.

더 큰 충격은 그들 모두가 자기 자신을 위한 일이 아니라 하나님 나라의 일을 하고 있는데도 그들의 얼굴은 너무 밝고 기쁨으로 가득했다는 것입니다. 그들이 가진 그 기쁨을 나도 누리고 싶다는 생각이 들었습니다.

그때 본 교회의 선교 책임자인 피터 장 선교사가 "성경 공부를 해보지 않겠냐"라고 물었습니다. 저는 '성경 공부를 하면 그들처럼 나도 기쁨을 얻고 밝은 인생을 살 수 있겠구나!' 하는 마음이 들어 공부하겠다고 했습니다. 하지만 프랑크푸르트에 내려가 급한 일을 정리하고 오겠다고 약속했습니다. 이번에는 약속을 지켜 일주일 후 본으로 돌아와 요한복음 1장 공부를 시작했습니다.

> 그 안에 생명이 있었으니 이 생명은 사람들의 빛이라 (요1:4).

이 말씀이 나의 영을 크게 감동시켰습니다. 나의 생명이 하나님께로부터 왔음을 믿게 해 주었습니다. 예수님 안에 있는 생명이 빛이 되어 내 속에 있는 어둔 세력의 정체를 비추었습니다.

그러자 나 스스로는 생명의 주인이 될 수 없는데도 주인 노릇을 하느라 고통스러웠음을 알게 되었습니다. 생명의 주인인 예수님의 뜻대로 살면 기쁨이 가득한 삶을 살 수 있다는 것을 알게 되었습니다. 주님은 그동안 하나님 없이 살아온 어두운 인생을 빛 가운데 드러내 주셨습니다. 그리고 빛 되신 말씀으로 내 안에 있던 모든 어둠의 세력들을 물러나게 해 주셨습니다.

주님이 비추는 생명의 빛이 주님 없이 살아온 나의 죄악 되고 어두운 삶을 강력하게 비추자, 저는 생명의 빛 되신 주님 앞에서 회개의 눈물을 끝없이 흘렸습니다. 하도 눈물을 흘리는 바람에 더 이상 성경 공부를 계속할 수 없을 정도였습니다.

예수님은 요한복음 1장 4절 말씀으로 저를 찾아오셨고, 새 생명을 주셨습니다. 제 안에는 새 생명을 얻은 기쁨이 넘쳐흘렀습니다. 그리고 새로 태어난 저를 주님께 드리기로 결심했습니다. 하지만 저를 어떻게 주님께 드려야 하는지 알 수 없었습니다. 우선 본으로 거주지를 옮기고 선교사로 훈련받게 되었습니다. 이때 마가복음 16장 15절 말씀이 저를 감동시켰습니다.

저는 매일 저녁 고속도로 옆에 나가 큰 목소리로 외쳤습니다.

> … 너희는 온 천하에 다니며 만민에게 복음을 전파하라 (막 16:15).

하나님은 내게 온 천하에 다니며 만민에게 복음을 전파하는 꿈을 보여 주셨습니다. 당시에는 이 말씀이 막막하게만 느껴졌습니다. 하지만 돌아보면 하나님은 이 말씀대로 제 인생을 인도하셨습니다.

선교 훈련을 받은 지 1년 후 배운 말씀들을 정리하면서 예전에 쓴 감상문을 읽게 되었습니다. 내용은 요한복음 3장의 거듭남을 공부하고 난 후 거듭나게 해 주셔서 감사하다는 고백이었습니다. 그런데 겉으로 보이는 나의 모습은 거듭난 사람처럼 보이지 않았습니다. 저는 이 문제를 두고 기도했습니다. 피터 장 선교사는 지금 당장 내 마음의 첫 자리에 자리 잡고 있는 사업을 버리고 주님을 마음의 첫 자리에 모시라고 했습니다.

요한복음 3장에 나오는 니고데모는 랍비요 산헤드린의 관원이요 부자였고 모든 분야에서 성공한 사람이었습니다. 그런데도 자기가 그동안 이루어 놓은 것 때문에 하나님 나라를 보려면 거듭나야 한다는 예수님의 말씀을 받아들일 수 없었습니다. 저는 주님을 위해 모든 것을 버릴 수 있다고 생각했습니다. 그러나 사업은 버릴 수 없었습니다. 사업은 저를 지탱하고 제가 의지하는 마지막 보루였습니다.

피터 장 선교사는 저의 그런 생각을 아셨는지 마음의 첫 자리를 차지하고 있는 사업을 버리라고 했습니다. 저는 사업을 버리는 것이 정말 힘들었지만, 하나님을 믿고 사업을 그만두기로 했습니다. 그럴 때 내 생명의 중심이 바뀌는 진정한 거듭남의 기쁨을 누리게 되었습니다.

주님은 저의 믿음을 축복하셨고 부족한 저를 일꾼으로 훈련시키기 시작하셨습니다. 그해 12월 31일이 되자, 저는 겉으로는 가진 것이 하나도 없게 되었습니다. 생활비를 벌기 위해 선교사들과 함께 학교나 백화점 청소를 해야 했습니다. 몸은 가난했지만 내 마음은 주님과 함께 새해를 맞는 기쁨으로 가득 찼습니다.

예전의 저는 연말이 되면 서울 시내 곳곳에 크리스마스 캐럴을 틀어 놓고 사람들이 흥겨워하는 것을 보면 저들이 정말 기뻐서 그런 것인지 믿기지 않았습니다. 왜냐하면, 당시 제 안에는 기쁨이 없었기 때문입니다. 그러나 본에서 새해를 맞으며 저는 가진 것은 없지만, 주님을 얻은 기쁨으로 가득했습니다. 주님께 더 가까이 다가가는 새해를 맞이하는 게 기뻤습니다.

저는 하나님께 쓰임 받기 위해 모든 것을 내려놓고 선교 훈련에 집중했습니다. 새벽 5시에 일어나 성경을 묵상하고 세계 선교를 위해 간절히 기도했습니다. 특히, 소련(현재 러시아와 구소련 지역)과 대륙에 복음의 문이 열리도록 기도했습니다. 처음 소련을 위해 기도할 때는 이상하게 마음에 와닿지 않았습니다. 그런데 매일 세 번 이상 소리 높여 기도하자, 하나님이 소련과 대륙에 복음의 문을 여실 것을 확신하게 되었습니다. 이후 실제로 소련이 해체되면서 공산국가였던 소련에 복음 전도의 문이 열리는 것을 보며 기도의 능력을 체험하게 되었습니다.

그렇게 기쁨으로 훈련받고 있는데 어느새 내 나이는 34살이 되어 있었습니다. 저는 사도 바울같이 주님을 위해 혼자 살 수도 있고, 가정을 이룰 수도 있다고 생각했는데 주위 분들이 나의 결혼을 위해 기도하기 시작했습니다.

당시 내가 소속된 선교 단체는 주로 대학에 다닐 때 복음을 영접하고 제자의 삶을 살다가 졸업 후 신앙 안에서 가정을 이루었습니다. 그런 면에서 저는 다른 사람들보다 출발이 많이 늦었기에 팔삭둥이와 같았습니다. 대학을 졸업하고 한참이 지나서야 신앙생활을 시작했기 때문에 나보다는 신앙이 좋은 아내를 주시도록 간절히 기도했습니다.

제2장

대륙 선교사로 부르시다

주님은 나의 기도를 받으시고 믿음이 좋을 뿐 아니라 주님을 뜨겁게 사랑하고 한 영혼을 뜨겁게 사랑하는 사라 선교사를 만나게 해 주셨습니다. 신앙 안에서 가정을 이루기 위해서 1987년 11월, 한국으로 돌아왔습니다. 그리고 사라 선교사와 1987년 12월 12일에 결혼식을 올렸습니다. 주례 말씀으로 "너희는 온 천하에 다니며 만민에게 복음을 전파하라"(막 16:15)는 말씀을 받았습니다.

저는 믿음이 좋고 선교 열정이 가득한 사라 선교사와 가정을 이룬 후 곧바로 다시 독일로 나가려고 했습니다. 그런데 사업할 때 보증을 선 일이 빌미가 되어 신원조회에 문제가 생겼습니다. 이 일로 여권 재발급이 되지 않았습니다. 하나님은 여권 발급을 미루시므로 2년간 한국에 남아 지도자 훈련과 성경 연구 훈련을 받게 하셨습니다.

이 무렵 한국 교회는 대륙 선교 열기가 뜨겁게 달아오르고 있었습니다. 많은 한국 회사가 대륙에 진출했으며 대륙 선교를 꿈꾸는 선교사들이 대륙에 진출한 회사로 몰려들었습니다. 내가 속한 선교단체에서도 여덟 명의 선교사 후보가 대륙 진출 회사에서 인조가죽 봉제 기술을 배우고 있었습니다. 저는 교회의 요청으로 여덟 명의 선교 후

보가 대륙에 무사히 안착할 수 있도록 돕게 되었습니다.

한편, 주님은 동시에 다른 경로로 대륙으로 나갈 수 있도록 준비된 사람을 만나게 하셨습니다. 정갈렙 목사님이 도왔던 제자 중에 포스코에 근무하는 남편을 둔 여집사님이 있었습니다. 그녀는 학창 시절 자신이 대륙 선교를 위해 기도한 것을 기억하고 20년 만에 정갈렙 목사님께 연락한 것이었습니다.

정갈렙 목사님은 그녀가 소개한 대륙에서 온 사업하는 분을 만났습니다. 그 사업가는 한국에서 대륙에 투자해 달라고 했습니다. 정 목사님은 무역 경험이 있는 나에게 그 사람을 만나 보라고 했습니다. 대륙 동포인 그분은 저를 대륙 N성 아산에 초청할 테니 대륙을 잘 파악해서 투자자를 소개해 달라고 했습니다.

그 무렵 서울에서 인조가죽 공장에서 봉제 기술을 배우던 여덟 명이 대륙에 나갈 수 없게 되는 일이 생겼습니다. 이분 중에는 대륙 선교사로 쓰임 받기 위해 고등학교 교사직을 사직하고 인조가죽 봉제 기술 훈련을 받고 있던 분도 있었습니다. 그런데 회사에서 숙련된 기술자가 아닌 선교사들을 먼저 데리고 나갈 경우 사업에 위험 부담이 크다며 여덟 명을 데리고 가기로 한 약속을 일방적으로 취소해 버렸습니다. 대신에 다른 세 명을 총책임자, 대륙의 언어 선생, 간호사로 먼저 대륙 한 도시로 보내겠다고 했습니다.

선교단체 지도자들은 제게 인조가죽 생산공장 사장님을 만나서 인조가죽 봉제 기술을 배운 여덟 명의 선교사 후보와 저를 포함한 네 명의 관리자가 대륙에 나갈 수 있도록 협상해 달라고 부탁했습니다. 그런데 내가 만난 인조가죽 생산공장 사장은 믿을만한 사업가가 아니었습니다. 선교에 대한 의지도 약했습니다. 저는 목사님들께 이 인조가죽 생산공장을 통해서는 대륙으로 나가기가 쉽지 않을 것 같다고 보고했습니다.

그러자 목사님들은 당신이라면 이 상황에서 어떻게 하겠느냐고 물었습니다. 저는 그 인조가죽 생산 공장을 통하는 길은 보이지 않지만, 전능하신 하나님께서 대륙 선교에 쓰임 받기 위해 봉제 기술 기초부터 배우고 있는 여덟 명의 귀한 선교사를 대륙으로 인도하실 것이라 믿었습니다. 저는 여덟 명의 선교사 후보를 돕기 위해 다른 일들을 중단하고 월요일부터 금요일까지 서울에 올라와 그들이 대륙에 나갈 수 있도록 R회사와 합작하는 일을 돕게 되었습니다.

그때 대륙 N성 아산중소기업단의 일원으로 한국을 방문했던 대륙 동포가 나의 비자를 신청했으니, 아산으로 오라는 연락이 왔습니다. 그리고 마침내 R 지역 회사에서 공장 입국자들의 비자를 신청했다고 연락이 와서 R 지역 주재 대륙 영사관에서 비자를 받기 위해 인조가죽 생산공장 사장 일행과 교회 임시 책임자와 함께 R 지역으로 가게 되었습니다.

가 보니 인조가죽 생산공장 사장과 공장 입국자들의 비자가 모두 나와 있어 대륙 입국 신청을 할 수 있었습니다. 그런데 정작 나의 비자는 나와 있지 않았습니다. 대륙 영사관에서는 N성 아산시에서 초청한 비자는 한 달 정도 시간이 더 걸릴 것이라 했습니다. 그러니 당신은 한국으로 돌아가라고 했습니다. 저는 하나님 앞에 나가 기도하기 시작했습니다. 하나님께서 반드시 내게 길을 열어 주실 것을 믿었습니다.

다음 날 대륙 영사관에 가서 비자 신청을 했습니다. 그러자 한 달이 걸릴 거라는 비자가 곧바로 나왔습니다. 그 순간 저는 다시 하나님께 기도했습니다.

"하나님!

제가 가죽 인조가죽 생산공장 일행을 따라서 교주로 가야합니까, 아니면 제게 두신 뜻을 따라 전도 여행을 해야 합니까?"

기도하는 중에 만약 하나님께서 교주로 가기를 원하신다면 하루 전 인조가죽 생산공장 일행과 함께 나의 비자도 나왔을 것이라는 생각이 들었습니다. 그런데 이렇게 저를 그들과 구별하신 것은 분명 하나님의 다른 뜻이 있을 것 같았습니다. 그래서 나만 따로 대륙 전도 여행을 하기로 했습니다.

그래서 저는 혼자 R 지역을 떠났습니다. 대륙 O 지역 H시에 도착하니 밤 10시가 되었습니다. 공항에서 시내 호텔까지는 차로 1시간 이상 걸렸습니다. 가는 길에 가로등이 하나도 없었습니다. 대륙 택시는 운전석과 승객석이 철망으로 구분되어 있었는데 운전사 외에 다른 남자가 운전석 옆에 앉아 있었습니다.

나중에 안 사실인데 강도로부터 택시와 기사를 보호하기 위해 운전석 옆에 사람을 태운 것이었습니다. 그걸 알 리 없는 저는 한 시간 이상을 가로등이 없는 칠흑같이 어두운 길을 앞자리에 건장한 두 사람이 앉아 있는 택시를 타고 가야만 했습니다. 호텔에 도착할 때까지 내내 얼마나 불안했는지 모릅니다.

그렇게 어수선한 밤을 보내고 이튿날 아침 호텔 앞을 보니 아침 식사를 파는 노점상들이 있었습니다. 당시는 대륙인이 사용하는 화폐와 외국인이 사용하는 화폐의 모양이 달랐습니다. 저는 노점상에게 고기가 들어 있는 만두를 사고 외국인이 쓰는 화폐를 주니 받지 않았습니다. 대륙인이 사용하는 화폐를 보여 주면서 그 돈으로 달라고 했습니다. 결국, 대륙인들이 쓰는 화폐를 구하지 못해 만두를 사 먹을 수 없었던 기억이 납니다.

외사처에서 저를 접대했는데 시청에서 거리를 내려다보면 자전거를 타고 출근하는 행렬이 정말 장관이었습니다. 시의 철강회사 종업원이 30만 명인데 그중 10만 명이 자전거로 출근한다고 합니다. 승용차 한 대가 강같이 밀려오는 자전거 행렬에 갇혀 꼼짝달싹 못 하는 것도 보았습니다. 저는 10만의 자전거 행렬을 보며 실감했습니다.

'인해 전술이 이런 것이구나!'

'내가 대륙에 오긴 왔구나!'

다음 날에는 T 지역으로 갔습니다. 택시 운전사가 광장 근처의 총알 자국이 선명한 아파트를 보여 주었습니다. 저는 운전사에게 T 대학교로 가자고 했습니다. 당시 T 지역에는 100미터 간격으로 군인들이 보초를 서면서 경계하고 있었습니다. 택시가 T대학에 도착하자 운전사는 얼른 사진을 찍으라고 했습니다. 내가 창문을 열고 사진을 찍으면 근처에 있던 군인들이 고함을 치며 쫓아왔습니다. 운전사는 쫓아오는 군인들을 피해 액셀을 밟았습니다.

다음 날은 P시에 있는 의과대학과 사범대학을 방문했습니다. 모든 학생이 기숙사에서 생활하고 있었는데 학생들의 표정이 무척 어두워 보였습니다. 독일에서는 하나님을 모르는 사람이 없습니다. 그러나 독일은 인본주의에 깊게 물들어서 성경 말씀을 믿지도, 순종하지도 않았습니다. 독일에 있을 때는 제자 한 명을 얻기 위해 약 천 명에게 복음을 전해야 했습니다.

그러나 대륙에는 하나님의 이름을 들어본 사람이 거의 없었습니다. 학생들의 생기 없는 얼굴을 보니 하나님을 모르고 해결하지 못하는 죄를 안고 방황하고 있는 것 같았습니다.

저는 어려운 사태의 진원지였던 지역의 대학들을 방문했습니다. 그곳에서 목자가 없어 영혼이 혼미하게 죽어가는 젊은이들을 보게 하셨습니다. 원래 결혼해서 아내와 함께 독일 선교지로 돌아가려 했던 나에게 주님은 반복해서 물으셨습니다.

"내가 왜 너를 대륙으로 인도했는지 아느냐?"

저는 대답했습니다.

"인조가죽 공장에서 수고하는 선교후보들을 돕기 위해 왔습니다."

그러나 하나님은 저를 대륙 선교에 쓰시기 위해 제가 상상조차 할 수 없었던 크고 위대한 소망과 계획을 가지고 계셨습니다. 하나님께서는 부족한 저를 강력하게 대륙으로 부르시고 이끄시고 계셨습니다. 대륙 전도 여행을 하면서 나의 작은 생각을 회개하고 내 평생을 바쳐 대륙인의 종이 되기로 결단했습니다.

2차 전도 여행부터는 대륙 선교를 위해 구체적으로 기도하게 되었습니다. 하나님은 복음을 듣지 못하고 방황하는 젊은이들을 향한 절박하고 애달픈 심정을 주셨습니다. 그 마음이 너무 간절하여 선교단체에서 선교 헌금을 모금할 때까지 기다릴 수 없었습니다. 절박한 마음으로 자비를 들여 대륙으로 건너가 선교를 시작했습니다. 아내는 대륙에 있는 저를 지원하기 위해 한국에 남아 고등학교 수학 교사로 계속 근무했습니다. 신혼 생활도 누리지 못한 채 혼자서 이중 삼중의 십자가를 져야 했습니다.

당시 대륙과 한국은 정상 수교를 하기 전이었습니다. 그래서 한국에서 대륙으로 바로 갈 수 없었습니다. 대륙에 들어가려면 R 지역을 거쳐야 했기 때문에 비용도 많이 들었고 대륙 비자를 받는 것도 어려웠습니다. 대륙은 당시 어려운 사태로 긴장감이 넘쳤습니다. 그러나 저는 십자가 복음만이 대륙을 구원할 뿐만 아니라 대륙을 제사장 나라로 세워 줄 것을 확신했습니다. 그리고 복음은 능력이 있어서 대륙의 심장인 T 지역과 T 대학생들을 믿어 순종하게 할 수 있다고 확신했습니다.

어려운 사태 이후 도시 전체에 긴장감이 너무 심했습니다. 그래서 T 지역을 개척하기 전에 디딤돌이 될 만한 전초기지가 필요했습니다. 저는 한국과 가까운 A 지역을 전초기지로 정했습니다. 그즈음 제가 A 지역에 체류하기 전에 인조가죽 공장이 U 지역에 성공적으로 들어서게 되었습니다. 그런데 사장이 마음을 바꾸는 바람에 교회에서 훈련한 사람은 한 사람도 선교사로 나갈 수 없게 되었습니다.

하루는 대륙 3차 전도 여행을 마치고 대륙 O 지역에서 R 지역으로 나오려고 하는데, 아산에 있는 그 교포로부터 연락이 왔습니다. 한국의 한 중소기업이 대륙 O 지역 박람회에 참석하고 자기와 미팅을 하기로 했는데 저도 함께 만나자는 것이었습니다. 그 교포가 만나려던 사람은 한국의 중소기업인 대신화학의 오 회장이었습니다. 오 회장은 강남침례교회의 집사였습니다.

저는 오 회장을 만나기 위해 한국중소기업단이 묵고 있는 호텔로 연락을 했습니다. 하지만 호텔에서는 한국 이름을 대륙식 발음으로 등록해 놓아 찾을 수가 없었습니다. 그래서 무작정 박람회장을 배회하다가 마침내 오 회장을 만나게 되었습니다. 그는 인조가죽을 생산하는데 대륙 선교 비전을 가지고 대신화학을 설립했다고 말했습니다.

한국에 돌아와 다시 오 회장을 만나게 되었는데 놀랍게도 우리 선교단체의 대륙 선교후보들을 모두 자기 회사에서 영입하겠다고 했습니다. 드디어 대륙 선교후보들이 회사에 모이게 되었습니다. 우리는 함께 가정에서, 공장에서, 사무실에서, 성경 공부와 찬양과 기도로 대륙 선교를 준비했습니다.

그런데 얼마 되지 않아 대신화학은 재정 상태가 어려워지며 법정관리 절차를 밟게 되었습니다. 그럼에도 우리는 기운을 잃지 않고 대륙 선교를 위해 기도하며 찬양했습니다. 회사가 어려워졌어도 오 회장은 가정과 회사를 개방하고 대륙 선교를 위해 쓰임 받으려 힘썼습니다.

결국 법정관리가 결정되었지만, 오 회장은 계속 집과 서울 사무실과 김포 공장을 대륙 선교를 위한 전초기지로 활용하도록 내주었습니다. 그리고 대륙 선교사들의 비자 문제를 해결해 주기로 했습니다. 대신 경비는 여덟 명의 사비로 드디어 A 지역으로 나가게 되었습니다.

우리는 대학교 어학 과정에 등록해서 오전에는 어학을 익혔습니다. 오후 시간에는 대신화학 합자회사를 세우기 위해 A 지역의 시 정부와 교류하게 되었습니다. 대륙에서는 합자회사를 만들 때 대륙으로부터 기술비를 지원받을 수 없기 때문에 투자하려는 생산 라인과 각종 기계에 마진을 추가해서 설립할 수밖에 없습니다.

우리는 궁극적으로 합자회사를 통해서 선교해야 했기 때문에 오 회장의 승인하에 대륙 언어에 전념했습니다. 오전 4시간은 어학원에서 대륙 언어를 공부하고 오후에는 합자회사를 추진했습니다. 밤에는 함께 대륙 언어 성경을 읽으며 대륙 언어 정복에 도전하기 시작했습니다. 하나님이 저를 대륙 선교사로 부르신 환상이 함께 대륙 언어를 공부하고 기도하는 선교사공동체를 보며 눈앞에 나타나는 감동적인 순간이었습니다.

제2부

대륙 초기 개척 역사

제3장 첫 개척지 A 지역에 복음의 씨앗을 뿌리다

제4장 A 지역에 첫 제자가 세워지다

제5장 A 지역을 떠나 T 지역으로

제6장 아내와 자녀들의 합류로 가정교회가 세워지다

제7장 자비량 선교사의 고충

제3장

첫 개척지 A 지역에 복음의 씨앗을 뿌리다

우리는 1989년에 3개월 비자로 A 지역에 입국했습니다. 방학 동안 대륙 언어 개인 교습을 받게 되어 3개월 비자 중 한 달은 사용하고 두 달은 개인 교습을 받았습니다. 당시 대륙에서는 비자 연장이 잘되지 않았습니다. 그래서 학교 측과 방학 기간에 한 학기 개인 교습비를 미리 내고 두 달 후에 비자 연기가 되지 않아도 1학기 학비는 돌려받지 않기로 했습니다.

이렇게 2개월간 개인 지도로 매일 4시간씩 대륙 언어를 배웠습니다. 짧은 기간이지만 초급, 중급, 고급 과정까지 할 수 있었습니다. 그렇게 두 달이 지나 비자 연장 신청을 했습니다. 놀랍게도 전에는 불가능했던 비자 연장이 되었습니다. 또 대학교 안에 있는 교수 전용 아파트에 입주하게 되어 대륙 언어를 배울 수 있는 최적의 환경이 되었습니다. 하나님께서 대륙 선교를 할 수 있도록 여러 가지로 예비하고 계심을 느낄 수 있었습니다.

당시 비즈니스 비자로 입국한 사람은 대학 어학 코스에 등록해 대륙 언어를 배울 수 있었지만, 학교 기숙사나 교수 숙소에는 기숙하지 못하게 했습니다. 우리 선교사들은 대륙 언어를 능통하게 해야 성경을 가르칠 수 있기 때문에 온 힘을 다해 대륙 언어를 공부했습니다. 그 결과 대륙 언어 선생들도 놀랄 만큼 단기간에 고급 대륙 언어까지 구사하게 되었습니다. 그것을 알 리 없는 대학교 어학원 측에서는 자신들이 잘 가르쳐서 한 학기만에 고급 과정까지 배우게 되었다고 다른 나라에 광고까지 했습니다.

1989년 당시 여행 비자는 처음에는 1개월, 나중에는 3개월을 주었습니다. 그러나 우리는 전능하신 하나님께서 장기 비자를 허락해 주실 것을 믿고 한국에서 짐을 나르기 시작했습니다. 그 후 다섯 차례에 걸쳐 대륙을 탐방했습니다. A 지역에서 오전에는 대학에서 대륙 언어 공부를 하고 오후엔 합자회사 설립을 도우면서 대륙인들을 만나기 시작했습니다.

그리고 학생들에게 복음을 전하려고 교수 아파트에 입주하여 기회가 주어질 때마다 학생들을 집으로 초청했습니다. 그때마다 외사처 처장이 찾아와 허락도 없이 외국인과 접촉한다고 내가 보는 앞에서 학생들을 매섭게 꾸짖었습니다. 결국, 학생들은 더 이상 오지 않으려고 했습니다. 학생들을 만나야 그들과 친해지고 복음을 전할 수 있는데 참 난감한 상황이었습니다.

하나님은 신기한 방법으로 이 문제를 해결해 주셨습니다. 하루는 A 지역 시 정부의 식사 초대를 받게 되었습니다. 그런데 식사 후 제가 해산물 식중독에 걸려 입원하게 되었습니다. 대륙인들은 해산물을 먹을 때 반드시 독한 백주를 함께 마셨습니다. 술을 마시지 않은 저는, 해산물에 있던 균에 감염되어 식중독에 걸린 것이었습니다. 밤부터 다음 날 아침까지 계속 설사를 했습니다.

외사처 처장은 내가 식중독에 걸린 것 때문에 문책을 받을까 봐 안절부절못하며 도와줄 일이 없느냐고 물었습니다. 저는 이때다 싶어 대륙 언어를 배우려고 학생을 집에 초청하고 있는데 학교에서 금지하는 바람에 대륙 언어를 배우기가 어렵다고 말했습니다. 이 말을 들은 외사처의 도움으로 학교 측에서 학생들이 우리에게 오는 것을 묵인해 주었습니다. 덕분에 우리는 다시 학생들을 초청해서 그중 여덟 명과 함께 성경 공부를 하게 되었습니다. 하나님은 식중독까지 선교 역사에 사용해 주셨습니다. 식중독 덕분에 드디어 첫 개척지 A 지역에서 복음의 씨앗을 뿌릴 수 있게 되었습니다.

제4장

A 지역에 첫 제자가 세워지다

　우리와 공부한 여덟 명 중에서 특히 요한 형제와 리브가 자매는 매우 겸손했고, 말씀을 사모하는 마음이 깊었습니다. 두 사람은 우리와 성경을 공부하며 예수님을 구주로 영접했습니다. 그래서 이 두 명을 구별하여 제자로 따로 세우고 말씀 훈련에 집중했습니다.

　요한 형제는 평범한 가정에서 태어나 자랐습니다. 그의 아버지는 고등학교를 졸업한 사람을 차출하여 군대로 보내는 일을 했습니다. 대륙에서는 병역은 의무 사항이지만 언제 입대할지는 자신이 정할 수 있습니다. 특히, 고등학교를 졸업한 후에는 서로 먼저 군대에 가려고 했습니다. 빨리 병역을 마치고 자기 일을 시작하려고 하기 때문입니다. 사람이 몰리니 먼저 입대 배정을 받으려고 일종의 뒷돈 같은 것으로 병역 담당 관계자들에게 뇌물이 전해졌습니다. 이 때문에 병역 담당 공무원의 수입은 꽤 좋았습니다.

　아버지 덕에 나름대로 여유 있게 살던 요한 형제는 아버지가 심한 관절염에 걸려 5년도 넘게 병상 생활을 하는 바람에 가정 형편이 어렵게 되었습니다. 이 때문에 요한 형제는 학업성적이 우수했음에도 사범대학에 진학하게 되었습니다. 사범대학을 졸업하면 국가에서 시골 학교의 교사로 발령해 주었기 때문입니다. 그러나 대학 졸업 후 바로 A 지역 시에 남는 것은 하늘에서 별을 따는 것처럼 어려웠습니다.

1991년 무렵 저는 비자 때문에 한국에 6개월 정도 나와 있을 수밖에 없었습니다. 한국으로 출국하면서 요한 형제에게 하나님 나라와 영광을 위해 하나님의 종으로 살기로 결단하면 하나님께서 A 지역에 남겨 주실 것이라고 기도해 주었습니다. 요한 형제는 하나님의 종으로 살기로 결단했는데 내가 6개월 후 다시 A 지역으로 돌아와 보니 놀랍게도 요한 형제가 A 사범대학에 강사로 남아 있었습니다.

어찌 된 일인가 알아보니 일본 정부에서 A 지역에 공장을 세우고 일본 기업을 유치했는데 이 때문에 일본어를 할 줄 아는 대학교수들을 기업에서 모조리 스카우트해 가 버린 것이었습니다. 교수가 부족해지자 성적이 우수했던 요한 형제가 대학 전임강사로 채용되어 A 지역에 남게 되었던 것입니다.

사실 요한 형제는 성적으로는 일본어과에서 수석이었지만, 공무원이 아니어서 차석 대우밖에 받지 못했습니다. 공무원이 아니면 졸업 후에는 고향으로 돌아가 중학교 선생을 하는 것이 일반적이었습니다. 그런데 하나님을 알지도 못하는 일본 정부의 개입으로 인해 극적으로 A 지역에 남게 되었습니다. 이것은 대륙 선교를 위해 하나님의 종으로 살려는 요한 형제의 결단을 하나님께서 기쁘게 받으시고 응답한 기적적인 사건이었습니다.

그 해에 한국과 대륙이 국교 정상화, 즉 수교가 이루어지는 역사적 사건이 생겼습니다. 그 일이 A 지역에 첫 선교의 열매인 요한 형제와 리브가 자매가 제자로 굳게 서면서 일어난 일이라 저에게는 대륙 선교를 기뻐하시고 세계사를 새로 쓰시는 하나님으로 느껴졌습니다. 수교를 하자 단기비자 연장으로 늘 불안정한 생활을 했던 우리에게도 드디어 장기 체류의 길이 열렸습니다.

제5장

A 지역을 떠나 T 지역으로

저는 사도행전 말씀을 보면서 저를 이방 땅 대륙으로 보내시고 그들을 제자 삼는 것이 이 땅에 하나님 나라가 임하기를 원하시는 주님의 뜻임을 깊이 받아들였습니다.

제가 받은 말씀의 은혜를 잠깐 나누겠습니다.

> 그가 고난 받으신 후에 또한 그들에게 확실한 많은 증거로 친히 살아계심을 나타내사 사십 일 동안 그들에게 보이시며 하나님 나라의 일을 말씀하시니라 (행 1:3).

이 말씀은 제게 큰 깨달음으로 다가왔습니다.

하나님 나라의 일이 얼마나 중요했으면 부활하신 후 하실 말씀이 많았을 텐데 하나님 나라의 일을 제자들에게 말했을까요?

왜 하나님 나라의 일이 그렇게 중요할까요?

예수님의 제자로서 평생 잊지 말아야 할 단어가 있다면 그것은 바로 '하나님 나라'입니다.

예수님은 내가 죽고 부활한 것은 '하나님 나라' 때문이라고 말씀하셨습니다. 하나님 나라를 이 땅에 회복하고, 하나님 나라를 전파하고, 하나님 나라를 넓히고, 하나님 나라를 이루기 위함이셨습니다. 40일 동안 생명을 걸고 말씀하신 것도 그리고 3년간의 공생애 내내 제자들에게 끊임없이 말씀하시고 승천하시기 직전에 말씀하신 것도 바로 '하나님 나라'였습니다.

그러나 제자들의 관심은 오직 이스라엘의 회복에만 있었습니다. 자기중심적인 생각에서 벗어나는 것이 얼마나 어려운지 제자들을 보면 알 수 있습니다. 그것이 우리의 모습이기도 합니다. 그러나 예수님은 이런 제자들의 모습을 보고 절망하지 않습니다.

> 오직 성령이 너희에게 임하시면 너희가 권능을 받고 예루살렘과 온 유대와 사마리아와 땅끝까지 이르러 내 증인이 되리라 (행 1:8).

이 말씀과 함께 승천하신 후 성령이 임하시자 놀라운 일이 벌어집니다. 베드로의 한 번의 설교로 예루살렘에서 남자만 삼천 명이 회개하고 세례를 받습니다. 다음에는 오천 명이 세례를 받습니다.

이렇게 많은 사람이 거듭났으면 그들이 어디로 가야 합니까?

온 유대와 사마리아와 땅끝으로 가야 하는데 그들은 가지 않습니다. 사도행전 8장 1절에서 다음과 같이 말씀하고 있습니다.

> 그 날에 예루살렘에 있는 교회에 큰 핍박이 나서 사도 외에는 다 유대와 사마리아 모든 땅으로 흩어지니라 (행 8:1).

사도들은 예루살렘을 떠나면 죽는 줄 알았습니다.

왜 예루살렘을 떠나면 죽습니까?

이방인과 섞여야 하고 그들과 밥을 먹어야 하고 잠을 자야하고 생활을 해야 하는데 그렇게 하면 죽는 줄 알았습니다. 하나님은 사울이라는 한 청년의 핍박을 통해 사도행전 1장 8절 **"땅끝까지 내 증인이 되리라"** 는 말씀을 이루셨습니다. 초대 교회를 핍박하여 흩어버렸습니다.

초대 교회가 얼마나 중요합니까?

그런데도 흩으셨습니다. 계속 모여 있으면 예수님을 핍박한 유대인들과 다를 바 없게 될 지도 모릅니다. 그동안 유대인들이 예수님을 핍박한 이유도 율법적인 생각 때문이었습니다.

'당신은 왜 이방인들과 식사를 했는가?'

'왜 그들과 교제하는가?'

하나님은 이런 사도들을 더 이상 하나님 나라의 일꾼으로 쓸 수 없었습니다. 그래서 성령이 임하시고 때가 되자 핍박을 통해 교회를 온 세상으로 흩으셨습니다. 이방인에게 가서 선교하도록 하셨습니다. 그래서 땅끝까지 하나님 나라가 확장되기를 원하셨습니다.

제게는 대륙 땅이 하나님이 보내신 땅끝이었습니다. 요한 형제는 일주일에 이틀은 대학에서 일본어를 가르치고 나머지 시간은 성경 공부와 연구 그리고 제자 훈련을 받았습니다. A 지역의 일본 회사는 여전히 일본어를 할 줄 아는 인재가 필요했습니다. 그래서 요한 형제는 일본 회사로부터 줄기차게 스카웃 제의를 받았습니다. 어떤 회사는 일주일에 두 번은 학교에서 가르치고 4일만 회사에서 일해도 된

다고 했습니다. 그럼에도 보수는 학교에서 받는 금액의 다섯 배를 주겠다고 했습니다. 요한 형제는 그때마다 거절했는데도 일본 회사는 포기하지 않고 접근했습니다.

하루는 요한 형제가 E 지역에 있는 대륙 지사를 보면 마음이 바뀔 것이라는 일본 회사의 제안을 듣고 E 지역으로 가는 기차표를 받아왔습니다. 요한 형제가 일본 회사에 취직하면 아버지 병원비 걱정은 하지 않아도 되었습니다. 아버지가 오랫동안 투병 생활을 하는 바람에 요한의 누나는 학업을 포기하고 바느질로 돈을 벌어야 했습니다.

요한 형제는 밤에 자다 누나와 엄마의 미싱 돌리는 소리에 잠을 깨곤 했다고 말했습니다. 결국 요한 형제는 일본 회사의 일을 하더라도 제자 훈련을 받을 수 있도록 오후 5시 30분에는 퇴근시켜 주는 조건으로 계약을 하게 되었습니다. 하지만 일본 회사에서 일한 첫날부터 오후 3시쯤에 차로 한 두 시간 떨어진 현장에 투입되었다가 밤 10시나 되어서 돌아왔습니다. 요한 형제는 차멀미 때문에 파김치가 되어 있었습니다. 말씀 연구는 고사하고 아무것도 할 수 없는 지경이 되었습니다.

그렇게 한 달 가까이 지나자, 본인도 회사가 약속을 지키지 않아 너무 힘들다고 하소연했습니다. 저는 일본 회사에 다니는 것이 길이요 진리요 생명이라면 그 길을 가라고 했습니다. 나의 말을 들은 요한 형제는 길이요 진리요 생명 되신 예수님을 따르기 위해 일본 회사의 유혹과 부모의 반대를 무릅쓰고 예수님의 제자가 되기로 결심했습니다. 요한 형제는 믿음으로 장래에 대한 유혹과 가족에 대한 미안함을 극복하고 제자 훈련을 신실하게 받았습니다. 그러자 이번에는 대학을 졸업한 친구들의 유혹이 찾아왔습니다.

"너같이 능력 있는 사람이 일도 안 하고 뭐 하느냐?"

"내가 좋은 직장을 소개시켜 줄까?"

기도하는 중에 요한 형제는 제자의 삶을 방해하는 유혹이 너무 많은 A 지역을 떠나는 것이 좋겠다고 했습니다. 이런 유혹에 시달리며 힘을 빼느니 아브라함처럼 본토 친척 아비 집인 A 지역을 떠나 T 지역으로 가겠다고 마음먹었습니다.

함께 기도하면서 1993년 6월, 저와 요한 형제는 창세기 12장 말씀을 굳게 붙들고 드디어 T 지역으로 가게 되었습니다. 아직 어려운 사태의 영향으로 경계가 삼엄한 T 지역으로 가겠다고 한 것은 오직 복음의 능력을 믿었기 때문이었습니다. 복음만이 대륙의 심장인 T대학, T대학생이 믿어 순종케 하는 강력한 능력임을 믿었습니다.

하나님은 사탄의 유혹까지 쓰셔서 변방 도시 A 지역에 머물던 우리를 대륙의 심장 T 지역으로 나가도록 하셨습니다. 돌아보면 하나님 나라가 대륙 온 땅에 퍼지기를 원하시는 하나님의 원대한 계획이자 기묘한 인도하심이었습니다.

제6장

아내와 자녀들의 합류로 가정교회가 세워지다

아내는 제가 대륙을 개척하는 5년 동안 대구에서 수학 교사로 일하면서 나의 대륙 선교를 지원했습니다. 그러던 중 마침내 1993년 6월에 아내와 자녀들이 T 지역으로 합류했습니다. 오랫동안 떨어져 지내는 바람에 한 자녀는 Q공항을 통해 대륙에 입국하면서 처음 만나게 되었습니다. 아내와 자녀들을 대신화학 부사장이 인솔하여 왔는데 한 자녀는 대신화학 부사장을 아버지로 생각하고 있을 정도였습니다.

그동안 한국에서 대륙 사역을 돕던 아내가 합류함으로 결혼한 지 5년 만에 겨우 안정된 가정을 이루게 되었습니다. 이는 건강과 선교사 간의 동역 문제, 경제적 자립 문제, 장기 체류의 어려움, 선교의 자유가 없는 체제의 긴장감으로 지쳐있던 제게 큰 위로가 되었습니다.

아내는 비록 임시 비자를 받아 오게 되었지만, 안정된 교사직과 모든 것을 포기하고도 대륙 영혼을 섬길 수 있다는 기쁨으로 감격했습니다. 문화와 언어를 극복하고 대륙인들의 수준에 맞춰 이들과 하나가 되고 싶어 자주 대륙식 만두를 먹으며 대륙 언어를 배웠습니다. 그리고 제자들과 함께 캠퍼스에 가서 복음을 전했습니다.

아내의 나이는 30대였지만, 제 눈에는 20대의 활기 넘치는 대학생처럼 보였습니다. 캠퍼스에서 전도를 받고 성경 공부를 한 대륙의 젊은이들이 어두운 인생 문제에서 구원받고 밝게 변화되는 놀라운 성령의 역사를 체험하게 되었습니다.

우리는 순간순간 한 알의 죽는 밀알이 되신 주님을 바라보며 주님의 나라를 위해, 주님의 양들을 위해 생명을 드려 섬기려고 힘썼습니다. 아내는 식구가 점점 많아져서 늘어난 빨래를 널면서도 너무 기뻐서 주님께 또 무엇을 해야할지 여쭈었습니다.

대륙 제자들은 친자식처럼 자녀들과 어울려 동거동락하며 형제처럼 지냈습니다. 하나님은 첫 제자 요한 형제의 철저한 회심과 본보기를 통해 그리고 가족의 합류를 통해 제게 백만 대군을 얻은 듯한 큰 힘을 주셨습니다. 그리고 우리의 순수한 마음을 받으시고 T 캠퍼스 선교를 활발히 이루어 주셨습니다.

제7장

자비량 선교사의 고충

하지만 대륙 선교가 그저 순풍에 돛 단 듯 순조롭지만은 않았습니다. 당장 현실적으로 닥친 것은 재정 문제였습니다. 대신화학이 법정 관리에 들어가면서 저는 더 이상 월급을 기대할 수 없었습니다. 선교의 자유가 없는 나라에서 월급도 받지 못하고 있는 우리에게 하나님은 일용할 양식을 주심으로 하루하루 하나님을 의지하는 삶을 살게 하셨습니다.

그동안 하나님은 우선 저 한 사람만이라도 대륙을 섬길 수 있는 비용을 여러 모로 채워 주셨습니다. 그러나 아내와 자녀들과 함께 대륙에서 사는 것은 또 다른 문제였습니다. 5년 동안 제가 대륙을 개척하느라 아내의 퇴직금까지 미리 써 버린데다 대륙과 합작 공장을 추진하던 대신화학이 부도나는 바람에 재정적으로 큰 어려움에 처했습니다.

저는 한국에 머무르는 한 달 동안 이 문제를 위해 간절히 기도하다 장염에 걸렸습니다. 저는 그동안 장염에 걸린 적이 없었기 때문에 제대로 치료하지 않고 한 달 동안 약국에서 지사제만 사다가 먹었습니다. 그러다 몸이 탈수된 상태로 R 지역을 거쳐 대륙으로 가게 되었습니다. R 공항에 도착한 후 상태가 너무 안 좋아져 공중전화로 R 지역에 있던 선교사에게 겨우 도움을 요청한 후 전화박스 안에서 쓰러졌습니다.

이렇게 재정적으로 불안정하고 건강도 많이 약해진 저를 하나님은 버려두지 않으셨습니다. 하나님은 대륙 한 도시의 최고 책임자인 서기(書記)를 형제 삼게 하시고 그를 통해 2년간 먹이셨습니다. 그는 저를 친동생처럼 여기며 수시로 쌀, 생선, 고기, 과일 등을 보내 주었습니다. 그 후 3년간은 제가 추진하던 한국과의 무역이 성사되게 하셔서 3개월 간격으로 마치 만나를 주시듯이 재정적으로 채워 주셨습니다.

그러나 그곳에서의 생활은 재정적인 어려움뿐 아니라 환경의 차이에서 오는 어려움도 많았습니다. T 지역에 온 아내는 세탁기가 없어 손빨래를 하느라 손가락 사이사이의 피부가 벗겨졌습니다. 그러나 아내는 힘들다는 불평 한마디 없이, 몰려오는 대륙인 영혼들을 기쁘게 섬겼습니다. 우리는 경제무역대학 근처에 인테리어가 안 된 아파트를 저렴하게 세를 얻어 입주했습니다.

자녀들은 외국인을 받아 주는 유치원을 찾지 못해 집에서 지내야 했습니다. 외국인을 받아 주는 유치원이 있긴 했지만, 비용이 너무 비싸 다닐 수가 없었습니다. 방은 벽지나 페인트칠도 제대로 되어 있지 않아서 벽의 횟가루가 옷에 하얗게 묻었습니다. 횟가루가 애들 옷에 묻지 않도록 가방을 벽을 따라 둘렀습니다. 그래도 어느새 애들 옷은 온통 하얀 횟가루로 범벅이 되곤 했습니다.

그뿐만 아니라 차고 건조한 T 지역의 겨울 날씨와 매연으로 범벅된 공기질 때문에 기관지 질환에 시달리는 것도 힘들었습니다. 제가 나중에 갑상선암에 걸렸는데 돌아보면 너무 공기질이 안 좋은 곳에서만 지내서 그런가 하는 생각이 들기도 합니다.

그러나 무엇보다 힘든 것은 늘 긴장 속에서 지내야 했던 것입니다. 수없이 거주지를 옮기고 제자들을 조심시키고 사람을 경계하고 찬송을 마음껏 하지 못하는 상황은 하나님을 섬기기 위해 이 땅에 온 우리가 져야 할 실제적인 십자가였습니다.

제3부
T행전

제8장 T 지역의 마가 다락방

제9장 자녀들의 교육 문제를 해결해 주시다

제10장 성경 공부와 소감 쓰기, 공동체 생활로 제자들이 세워지다

제11장 찬양기도 모임으로 은혜에 기름을 붓다

제12장 T 지역 선교의 세 고비를 지나가다

제13장 H 지역 핍박

제14장 K 지역 핍박의 후유증을 극복하다

제15장 부대 안에서 수련회를 열게 하신 하나님

제16장 수련회에 임한 불같은 성령의 은혜

제17장 국제기관 종사자도 구원 얻게 한 복음의 능력

제18장 전 가족을 질병의 위험에서 건져 주신 하나님

제8장

T 지역의 마가 다락방

이렇게 우리 가족과 대륙 제자인 요한 형제와 리브가 자매 그리고 대구에서 온 류 안드레아 선교사와 함께 T 선교 사역을 시작하게 되었습니다. 우리는 틈만 나면 모여서 기도했습니다.

먼저, T 지역에 주님의 제자들이 머무를 수 있는 크고 저렴한 집을 주시도록 기도했습니다. 대륙 제자들이 함께 생활하면서 예수님을 배울 수 있도록 방이 여러 개 있는 큰 집이 필요했습니다. 또 공무원의 감시를 피해서 은밀히 예배드릴 수 있는 집을 주시도록 기도했습니다.

그런데 현실적으로는 이런 조건을 갖춘 크고 저렴한 집을 구하기란 쉽지 않았습니다. 크고 비싼 집을 주시든지 작고 싼 집을 주시든지 해야 맞을 것입니다. 그런데 주님은 데살로니가 교회와 같은 크고 저렴한 집을 주시도록 기도하게 하셨습니다. 우리는 하나님이 주실 것을 믿고 간절히 기도했습니다.

그렇게 2개월이 지났습니다. 처음에는 T대학 근처에 집을 구하려 했지만, 안전 문제로 T대학에서 자전거로 1시간 거리에 있는 집을 주시도록 기도했습니다.

하루는 부동산 중개소에서 거절당하고 나오는데 40대 중반쯤으로 보이는 아주머니가 저를 보더니 혹시 크고 싼 집을 구하지 않느냐며 자기가 구해 주겠다고 했습니다. 다음 날 아주머니를 만나 따라간 곳은 일반인은 얻을 수 없는 동네 슈퍼마켓 2층 창고였습니다. 그런데 방이 일곱 개나 되었습니다. 중앙에는 50명 정도 수용할 수 있는 홀이 있었고 네 개의 방이 홀을 에워싸고 있어서 홀에서 아무리 찬양을 크게 해도 밖으로 찬양 소리가 새어 나가지 않을 것 같았습니다.

게다가 홀의 북쪽 아래층은 생선과 고기 창고였습니다. 24시간 냉동기 돌아가는 소리 때문에 찬양 소리가 이중으로 방음이 되었습니다. 슈퍼 주인은 거의 10년간 2층을 청소하지 않았다고 했습니다. 남들이 보기에는 버려진 쓸모없는 창고였지만, 우리는 하나님이 예비하신 곳임을 단번에 알 수 있었습니다.

우리는 얼른 슈퍼 주인과 2층 전체를 쓰는 것으로 계약했습니다. 슈퍼 주인은 장사하는 사람들도 아닌데 이런 곳에 들어오려고 하는지 이해할 수 없지만, 오랫동안 비어져 있던 곳을 월세라도 받을 수 있게 되어 다행이라는 표정이었습니다.

우리는 곧바로 2층을 공동생활과 예배를 위한 공간으로 꾸미기 시작했습니다. 방 한 칸은 식당으로 정하고 여섯 개의 방을 개인 성경 공부와 그룹 공부를 할 수 있도록 꾸몄습니다. 대륙 제자들이 성경 공부를 하러 와도 1층 슈퍼를 통해 2층으로 올라오기 때문에 다른 사람 눈에는 슈퍼에 물건 사러 오는 것처럼 보였습니다. 누구도 학생들이 성경을 공부하러 온다는 것은 꿈에도 생각할 수 없었습니다. T 지역 전체에서 이보다 더 안전한 곳은 없어 보였습니다.

하나님은 마가의 다락방처럼 안전하게 모여 기도하고 찬양하고 성경을 공부할 수 있는 구별된 크고 저렴하면서도 안전한 공간을 예비해 놓고 계셨던 것입니다. 마치 사도행전에서 모여 기도하던 사람들 위로 성령님이 임하여 초대 교회가 시작된 것처럼 T 지역의 슈퍼마켓 2층 다락방에서 T 대학생들이 하나님을 찬양하는 교회가 세워지고 있었습니다. 하나님은 우리의 기도를 들으시고 주의 사자처럼 대륙 아주머니를 보내어 예비한 처소로 인도하신 기묘하고 신실한 분이십니다.

제9장

자녀들의 교육문제를 해결해 주시다

　슈퍼마켓 2층 창고를 수리한 지 3주쯤 지났을 때입니다. 우리에게 2층을 소개한 아주머니가 다시 찾아와서 더 도와줄 것은 없느냐고 물었습니다. 우리 부부는 자녀들을 유치원에 입학시켜 달라고 부탁했습니다. 사실 그동안 우리 부부는 여러 유치원을 방문했지만, 외국인이라 받아 줄 수 없다며 번번이 거절당했습니다.
　외국인이 다닐 수 있는 국제 유치원이 있었지만, 학비가 한 학기에 만 달러가 넘어 엄두를 낼 수 없었습니다. 그런데 마침 이 친절한 대륙인 아주머니가 도와줄 것이 없느냐고 물어 온 것입니다. 우리는 얼른 아이들의 유치원 입학을 도와달라고 했습니다. 그런데 놀랍게도 일주일도 채 안 되어 아주머니로부터 연락이 왔습니다. 우리 자녀들이 다닐만한 유치원을 찾았으니 같이 가자고 했습니다.
　그곳은 이미 우리가 다녀갔던 곳으로 외국인이라는 이유로 거절했던 그 지역에서 가장 큰 유치원이었습니다. 아주머니가 그 유치원과 어떤 관계인지는 알 수 없었지만, 이번에는 유치원 측에서 아이들을 받아주겠다고 했습니다. 게다가 대륙인 유치원생과 동일한 조건인 한 학기에 500위안(한국 돈 7~8만 원)만 받고 등록시켜 주었습니다.

하나님은 우리 아이들을 대륙 아이들과 똑같이 교육받고 함께 어울려 지내며 진정한 대륙인의 목자로 자라게 하셨습니다. 한 아이는 어린 나이에도 자신이 하나님의 자녀요 대륙인의 목자이기 때문에 무엇이든 잘 해야 한다는 의식을 가지고 있었습니다.

우리는 공무원에게 들키지 않게 자주 이사를 했기 때문에 자녀들은 여러 번 전학을 해야 했습니다. 그러나 이것을 불평하지 않고 어느 학교에 가든 잘 어울리고 최선을 다해 공부했습니다. 그리고 우리 아파트는 늘 제자들에게 열려 있었기 때문에 자녀들은 자기 방도 없이 성경 공부하고 교제하느라 시끌벅적한 거실 한가운데서 공부를 해야 했지만, 환경을 불평하지 않는 마음이 강한 아이로 자라게 하셨습니다.

한 아이에게는 고도의 집중력을 주셔서 열심히 공부하게 하셨고 다른 자녀들에게는 놀라운 친화력을 주셨습니다. 새로 온 대륙 학생들과 낯가림 없이 가족처럼 잘 따라서 제자들 마음의 경계심을 허물었습니다. 또 다른 아이는 언어의 은사를 주셔서 사람들과 자연스럽게 소통하며 관계를 맺는 기쁨을 누리게 하셨습니다. 이렇게 하나님은 우리 가족이 T 지역에 정착할 수 있도록 알지도 못했던 한 아주머니를 통해 모든 환경을 예비해 놓고 계셨습니다.

제10장

성경 공부와 소감 쓰기, 공동체 생활로 제자들이 세워지다

대학에서 전도하여 만난 학생들은 매우 순수했습니다. 성경 공부 초청에 응한 학생들은 약간의 친밀해지는 시간을 거쳐 성경을 공부하러 오기 시작했습니다. 학생들은 T 지역의 매서운 겨울바람을 뚫고 자전거를 1시간씩 타고 왔습니다. 수업이 끝나는 금요일 밤에 와서 합숙하며 성경을 배웠습니다.

그렇게 토요일 하루 종일 말씀을 자기 삶에 비춰 묵상하는 훈련을 받고 일요일 예배까지 함께 드렸습니다. 주일 예배 말씀을 자기 삶에 적용하는 소감 쓰기를 하고 일요일 저녁이 되어서야 학교로 돌아갔습니다. 물론, 그 사이사이에 맛있는 간식과 함께 어울려 먹는 식사는 천국의 만찬과 같았습니다.

고향을 떠나 외롭게 T 지역에서 대학생활을 하던 학생들은 우리 모임을 통해 가정의 따스함을 느끼는 것 같았습니다. 그래서 학생들은 말씀과 사랑이 있는 우리 모임에 조금이라도 더 머물고 싶어 했습니다. 그러자 얼마 되지 않아 학생들이 말씀 안에서 예수님을 영접하고 변화되는 것이 눈에 보였습니다.

주일 예배는 제가 말씀을 선포하고 제자들은 지난주 말씀을 삶에 적용한 간증문을 발표하게 했습니다. 대륙 제자들은 예배 자체를 한 번도 경험한 적이 없기 때문에 말씀을 어떻게 받아들이고 순종하는지 막막할 수도 있었습니다.

　이때 A 지역에서부터 훈련받아 온 요한 형제는 T 지역 형제들에게 신앙의 모범이 되었습니다. 요한 형제는 주님을 따르려고 안정된 삶이 보장된 일본 직장의 유혹을 버리고 고향인 A 지역도 떠났기 때문에 주저할 것이 없었습니다. 요한 형제는 말씀 앞에 철저히 회개하고 순종했습니다. 이런 요한 형제의 모습은 T 지역 제자들에게 큰 영향을 끼치기 시작했습니다. T 지역의 제자들도 요한 형제와 같이 말씀 앞에 회개하고 순종하기 시작했습니다.

　그러자 T 지역의 이층 다락방에 성령이 강하게 역사하기 시작했습니다. 제자의 수가 날로 늘어났습니다. 제자들은 구원의 은혜를 깊이 경험하며 주님의 부르심에 응답했습니다. 그들은 삶에서도 학업과 직장 생활을 잘해 나가므로 주변 사람들에게 선한 영향력을 끼치는 사람들로 변해갔습니다.

　다음은 이때 성령의 역사로 변화된 제자들의 이야기입니다.

　먼저, 베드로 형제는 사상 교육을 받은 유물론자이자 진화론을 믿는 사람이었습니다. 그는 Q시 대학입시에서 3등을 한 수재였고, 이성 중심의 사고에 익숙한 학생이었습니다. 처음에는 요한 형제에게 영어를 가르쳐 주는 과외 선생으로 오게 되었습니다. 그런데 요한 형제가 지혜롭게도 영어 큐티 책으로 영어를 가르쳐 달라고 요청하면서 자연스럽게 말씀을 접하게 된 베드로 형제는, 처음으로 성탄제에 초청받아 여자 친구와 함께 참석했을 때 뒷자리에 앉아 말씀을 들으면서도 "말도 안 된다"며 비웃던 학생이었습니다.

하지만 성령님께서 영어 큐티에 나오는 말씀을 통해 그의 마음을 조금씩 움직이기 시작하셨습니다. 이어진 여름 수련회에서 또래의 형제자매들이 회개하고 예수님의 십자가 사랑을 영접하는 모습을 보며 그는 큰 충격을 받았습니다. 그때부터 자신 역시 그들과 다르지 않은 죄인임을 깨닫기 시작했습니다.

이때 주님은 베드로 형제의 마음에 "너는 나를 따르라 내가 너를 사람 낚는 어부로 삼아 주리라"는 말씀을 들려주셨습니다. 그 말씀대로 그는 꾸준히 성장하여 현재는 T 교회를 섬기는 목사가 되었습니다. 그를 통해 얼마나 많은 대륙 영혼이 주님께 돌아왔는지 모릅니다.

마리아 자매는 T대학 영문과에 들어간 수재였습니다. 그러나 이기심과 자기 가정의 좋은 모습만 보이고 싶은 체면 때문에 아버지의 장례식에도 참석하지 않았습니다. 그녀는 겉으로는 아무런 문제가 없었지만, 내면은 깊은 죄의식으로 고통스러워하고 있었습니다.

사라 선교사는 마리아 자매를 만나 서툰 대륙 언어로 열심히 말씀을 가르쳐 주었습니다. 마리아 자매는 마가복음 말씀을 공부하던 중 "소자야, 안심하라 네 죄 사함을 받았느니라"라는 마가복음 2장 5절 말씀을 믿음으로 영접했습니다. 그러자 그녀의 마음을 짓누르던 죄의식이 한순간에 사라지는 것을 경험했습니다.

죄 사함의 기쁨을 누린 후 그녀는 아무리 바빠도 성경 공부와 예배에 빠지지 않았습니다. 그러나 그녀가 예수님 제자의 삶을 살기를 결심할 때까지 많은 시간이 걸렸습니다. 마리아 자매는 "예수님, 사랑해요"라고 고백하고 싶었지만, 고백할 수 없었습니다. 고백하는 순간 베드로에게 하셨던 것처럼 그럼 **"내 양을 먹이라"** 하실 것을 알았기 때문입니다.

그녀는 자기처럼 교만하고 이기적인 T대학 학생들을 좋아하지 않았습니다. 그래서 예수님은 믿었지만 제자로 사는 것은 주저했습니다. 그렇게 시간이 흘러 삼년 후 마리아 자매는 대학원에 합격했고 이후에는 교수의 길을 걷게 되었습니다.

그녀가 대학원에 들어갔을 때 우리는 H 지역 박해 사건으로 6개월동안 한국으로 피신해 있었습니다. 돌아와보니 다른 형제자매들은 믿음을 지켰는데 잘 지낼 수 있다고 큰소리쳤던 마리아 자매만 믿음이 약해져 모임에도 오지 않고 있었습니다.

우리는 매주 그녀를 심방하며 기숙사 밑에서 기다렸다가 말씀을 전하고 왔습니다. 사라 선교사는 한 학기 내내 그녀를 위해 금식하며 기도했습니다. 나중에 알고 보니 그때 매주 찾아가 준 말씀이 이 자매의 마음에 깊이 자리잡았습니다. 그리고 드디어 주께 다시 돌아왔습니다. 그녀는 자신을 포기하지 않고 변함없이 사랑하시는 주님께 사랑 고백을 드렸습니다. 이후로 마리아 자매는 수많은 T대학 학생을 주께 인도하는 열정적인 제자가 되었습니다.

어거스틴 형제는 감성적인 사람이었습니다. 그는 돈, 명예, 권세 같은 것은 중요하지 않았습니다. 오로지 사람의 사랑에 목말랐습니다. 그는 이미 성경 공부를 하고 있던 고등학교 친구를 통해 우리를 알게 되었습니다. 처음 봤을 때 한마디의 말도 하지 않는 조용한 형제 였습니다. 그래서 말을 못하는 줄 알았습니다.

　나중에 알고 보니 그는 말솜씨가 대단한 문학가요 교육가였습니다. 사람의 인정과 사랑에 목마른 그는 사람들에게 상처받을까 봐 말하지 않았던 것이었습니다. 하지만 성경 공부를 하며 사랑을 듬뿍 받자 어느 날 말문이 터졌습니다. 끊임없이 수다를 떨었습니다.

　처음 우리를 만났을 때 그는 아르바이트하며 B대학 대학원 입학 준비를 하고 있었습니다. 그런데 알고 보니, 함께 아르바이트하는 유부녀와 몰래 사귀고 있었습니다.

　성경 공부를 처음 하는 날 성경이 너무 단순해 보인다고 두꺼운 철학책을 들고 와서 "이 책을 읽어보고 성경 공부를 하자"라고 하며 고상한 척을 했습니다. 그러나 성경 공부를 하던 중 창세기 3장 9절 "아담아, 네가 어디 있느냐?" 하시는 말씀을 통해 하나님을 만났습니다. 탕자를 부르시는 하나님의 음성이 그의 마음을 찌르기 시작했습니다.

　그날 밤에 사귀던 유부녀의 남편에게 쫓기는 악몽을 꾸게 되었습니다. 이 사건 이후 그는 말씀을 진지하게 받아들이기 시작했습니다. 늘 사랑에 목말랐던 그는 이후에도 몇 번 연애했지만, 우리 공동체를 좋아하고 모임도 잘 참석했습니다.

　그렇게 공동체의 사랑을 받고 말씀을 듣자, 그는 드디어 자기가 숭배해 온 인간의 감정은 목마름을 줄 뿐이지만, 주님의 사랑은 생명을 주고 더 풍성하게 하는 참된 사랑임을 믿게 되었습니다. 그는 탕자 어거스틴같이 회개했습니다. 그가 선한 목자 예수님을 따르는 제자의 삶을 살기까지 우리는 모두 많은 눈물을 흘렸지만, 결국 감사가 넘쳤습니다.

이 외에도 별같이 빛나는 수많은 대륙의 형제자매가 있습니다. 그들이 어떤 어둠 속에서 헤매다 주님을 만났으며 어떻게 제자로 살게 되었는지, 어떤 고난 속에도 주님을 위해 헌신했는지, 지금은 또 어떻게 충성스럽게 살고 있는지 일일이 다 기록한다면 끝이 없을 것입니다. 이 모든 일은 우리가 한 것이 아니라 T 지역의 다락방에 임한 강력한 성령의 은혜였음을 고백합니다. 주님께서 이 보배들을 주의 날까지 지켜 주시며 대륙뿐 아니라 만민 구원 역사에 귀하게 써 주실 것을 기도합니다.

제11장

찬양기도 모임으로 은혜에 기름을 붓다

　우리는 매주 목숨을 걸고 금요 찬양기도 모임을 했습니다. 찬양기도 모임은 핍박에 대한 두려움과 긴장, 평소 몇 명씩만 모일 수밖에 없는 외로움이 주는 스트레스를 한 방에 날려 버렸습니다. 우리는 함께 모여 찬양하고 기도하면서 하나님이 우리와 함께 계시는 것을 더욱 절실히 느꼈습니다. 서로가 서로에게 힘이 되고 위로가 되었습니다. 찬양기도 모임은 말씀 공부로 받은 은혜의 불길에 기름을 붓는 것과 같았습니다.

　하지만 적당한 찬양기도 모임 장소를 찾기가 어려웠습니다. 방음 시설이 잘된 곳이 거의 없었기 때문입니다. 찬양 소리가 새어 나가 혹여 누군가 공무원에게 신고라도 한다면 우리는 한국으로 추방되고 제자들은 뿔뿔이 흩어질 것입니다. 그래서 처음에는 노래방에 모여 찬양기도회를 했습니다. 그러나 노래방 분위기에서 계속 찬양기도회를 하는 것은 어려웠습니다. 우리는 마음껏 찬양할 수 있는 장소를 주시도록 간절히 기도했습니다.

　그러자 성령께서 기가 막힌 장소로 인도하셨습니다. 어느 극장의 2층 홀을 모두 빌리게 된 것입니다. 극장은 주민들이 사는 아파트가 아니라서 안전했습니다. 게다가 경극을 공연하는 극장이라 밤에는 운영하지 않았습니다. 이때 성령께서는 찬양 전문 사역자이신 김 목사님을 보내 주셨습니다. 그분은 YM의 GTS를 마치고 귀국하는 길에 T 지역에 전도 여행을 와서 금요 찬양 모임에 오셨습니다. 이분은 우리의 찬양을 듣고 이런 공동체를 처음 봤다며 깜짝 놀라고 감동했습니다. 말씀의 기초가 탄탄히 놓여 있었기 때문에 찬양의 기름을 붓자 활활 타오르게 되었습니다.

  김 목사님은 그 후 3년간 매번 여름 수양회 한 달 전에 와서 우리 제자 중에 선별하여 찬양 인도자 교육을 해 주셨습니다. 또 대구 CMI 대구지부 전도사님의 딸, 김 자매가 1년 반 동안 단기 선교사로 와서 피아노 반주를 해 주었습니다. 김 목사님과 김 자매의 헌신, 우리 제자의 뜨거운 열정, 성령의 강력한 임재로 찬양기도 모임을 통해 수많은 영혼이 예수님을 만나고 믿음 위에 굳게 서게 되었습니다.

제12장

T 지역 선교의 세 고비를 지나가다

하지만 T 지역 선교가 순탄했던 것은 아닙니다. 늘 있는 고난 속에서 단비처럼 은혜가 임하는 시간이라는 표현이 더 맞을지 모르겠습니다. T 지역 선교에 큰 고비가 몇 번 있었는데 하나님께서는 지혜를 주셔서 이 고비를 무사히 지나갈 수 있게 하셨습니다. 우리가 어떻게 각각의 고비를 지나왔는지 은혜를 되새겨 보겠습니다.

첫 번째 고비 : 1997년 세계정세의 복잡한 변화

1993년 T대학, B대학을 중심으로 시작된 선교는 5년 후, 120여 명의 제자들이 태어나는 많은 열매를 맺게 됩니다. 대륙 대학 선교는 매년 중순 어려운 사태 발생일이 다가오면 각별히 긴장해야 합니다. 매년 중순이 되기 두 달 전부터 사복 차림의 젊은 공무원들이 학생인 양 캠퍼스에 잠복합니다. 하지만 이 기간은 선교사로서는 신입생이 들어오는 중요한 시기라 공무원이 두렵다고 전도를 쉬어 버리면 열정이 식어 버려 6월 이후에도 전도하기가 어렵습니다. 또 중순이 지나면 곧 여름 방학에 들어가기 때문에 전도할 기회가 줄어듭니다. 그래서 우리는 이 기간에 숨어 있기보다 더 적극적으로 전도를 할 수 있도록 기도했습니다.

이때 성령께서는 전도할 대상을 선택할 때, 청바지나 점퍼 차림의 사람은 공무원일 가능성이 있기 때문에 추리닝을 입고 다니는 사람을 골라서 전도하도록 지혜를 주셨습니다. 왜냐하면, 지방에서 T 지역으로 온 많은 학생은 추리닝을 입고 다녔기 때문입니다. 청바지나 점퍼 차림의 사람은 공무원일 가능성이 있기 때문에 피했습니다. 추리닝 차림의 학생은 모두 기숙사 생활을 했기 때문에 복음을 전한 후 기숙사까지 바래다주며 더 많은 이야기를 나눌 수 있었습니다. T대학만 해도 2만 명의 학생이 모두 기숙사에서 생활했습니다. 잠깐 말을 걸며 기숙사 위치를 물어보면 공무원이 아니라 학생인 것을 확인할 수 있었습니다.

1997년 7월, 세계정세의 복잡한 변화의 사건들로 인해 전도하기가 어려웠습니다. 1997년이 되자 연초부터 수시로 집을 방문하여 외부인들을 조사하고 관리했습니다. 하루에도 몇 번씩 집을 급습하기 때문에 집에서 성경을 공부하기가 쉽지 않았습니다. 하지만 여기서 위축되어 전도를 중단하면 전도의 열정이 식어버려 지속적으로 전도를 할 수 없게 됩니다.

우리는 이 위기를 극복하기 위해 캠퍼스 잔디밭에서 아직 주위가 어둑한 새벽 5시에 모여 성경 공부를 하기 시작했습니다. 아침 6시가 넘어 동이 트면 합심 기도의 열기로 우리의 온몸이 대륙을 복음으로 섬기려는 하나님의 뜨거운 열망으로 불타오르곤 했습니다. 또 한 낮에는 거대한 인공 호수에 가서 작은 배를 여러 대 빌린 다음 호수 한가운데서 뱃머리를 서로 묶은 채 성경을 공부하기도 했습니다. 커다란 양산이나 우산 아래서 성경을 공부하기도 했습니다.

두 번째 고비: 전염병으로 인한 캠퍼스 봉쇄

대륙에 전염병이 창궐했습니다. 전 세계를 공포로 떨게 한 전염병 때문에 대륙 정부는 아파트와 학교를 봉쇄했습니다. 제자들은 이런 위기 때에도 캠퍼스 안의 어린 제자들에게 말씀의 꿀을 먹이기 위해 기도의 끈을 놓지 않고, 말씀을 가르칠 방법을 찾았습니다.

또 공동생활을 중요하게 여기는 우리의 제자 양육 방법이 이때 더 빛을 발하게 되었습니다. 믿음이 어린 형제자매들까지 예배와 말씀 공부를 위해 나왔다가 캠퍼스로 돌아가지 못하고 공동생활을 하게 되었습니다. 공동생활을 하면서 서로 교제가 단절되는 위기를 피할 수 있었습니다.

공동생활이 말은 아름답지만, 결코 쉬운 일은 아닙니다. 혼자만의 공간이 없어 편하게 휴식할 수 없습니다. 늘 긴장해야 합니다. 모든 것을 공유해야 합니다. 이렇게 여러 가지로 불편한 것이 많았지만, 대륙 제자들은 공동생활을 하며 진실하게 말씀으로 교제했습니다. 서로 기도 제목을 나누고 마음을 합하여 기도했습니다. 서로 깊이 신뢰하고 사랑했습니다.

대륙의 최고 엘리트들이 복음을 듣고 믿을 때 하나님은 그들의 죄를 사해 주셨습니다. 죄 사함의 은혜가 임하자, 죄로 죽었던 생명이 살아났습니다. 새 생명을 얻은 제자들은 공동생활을 하며 오랜 죄의 습성을 고치고 새사람으로 거듭났습니다. 죄로 병든 자기 모습을 발견하고 치유를 받아 다시 다른 사람을 섬기는 헌신의 삶을 결단했습니다. 공동생활은 선교가 금지된 대륙에서 놀라운 생명 구원을 이루신 주님의 지혜요, 능력이었음을 고백합니다.

한편, 특별한 훈련이 필요하거나 몸이 아픈 제자들은 우리 집에서 생활했습니다. 어떤 제자는 우리 가정과 함께 생활하고 싶어 명절 때 집에 가지 않고 같이 보내기도 했습니다. 우리와 함께 명절을 보내려는 것은 믿음의 가정을 동경했기 때문이었습니다. 그만큼 불행한 가정에서 자란 학생이 많았습니다. 그들은 신앙 안에서 맺어진 가정을 동경했으며 자기들도 나중에 믿음 있는 배우자를 만나 가정을 이루고 싶어 했습니다.

이를 모두 지켜보았던 우리 자녀들도 선교사로 사는 부모의 삶을 존경하게 되었습니다. 죄로 죽었던 젊은이들에게 살아서 역사하시는 하나님을 두 눈으로 보았습니다. 자녀들의 마음에 자신이 어디에 있든 대륙 영혼들을 뜨겁게 사랑하는 목자가 되리라는 결심이 자라게 되었습니다.

세 번째 고비: 연약해진 제자들이 전도 단을 이루어 지방 선교를 하다

제자들은 자신을 구원한 복음을 들고 캠퍼스로 뛰어들었습니다. 당시 T 대학생 2만 명은 기숙사에서 지냈습니다. 여덟 명이 한 방에서 생활했습니다. 구원의 은혜에 감격한 제자들은 같은 방에서 지내는 일곱 명에게 예수님을 전하기 시작했습니다. 성경도 예수님도 들어본 적이 없던 일곱 명은 갑자기 예수를 믿으라는 제자를 정신병자 취급을 하며 무시했습니다.

그러자 학창 시절 내내 수석을 해서 인정만 받았던 제자들은 복음 때문에 따돌림을 당하자, 마음의 상처를 심하게 받았습니다. 자신감을 잃고 복음이 자기를 구원한 것은 알겠는데 다른 사람에게는 힘을 발휘하지 못한다고 생각하고 더 이상 전도하려 하지 않았습니다.

또 T 대학생들은 대부분 지방에서 올라온 수재였는데 당시 대륙의 경제 사정은 지금과는 비교할 수 없을 만큼 열악했습니다. 지방은 더 심했습니다. 그래서 학생들은 가정 형편이 빠듯해서 일 년에 한 번 명절(설) 때나 고향에 갔다 올 수 있었습니다.

제자들은 명절에 집에 가서 가족들에게 자신을 구원한 복음을 전했지만, 대부분 완강히 거부했습니다. 부모들은 "뼈 빠지게 고생해서 대학에 보내 놓았더니 예수쟁이가 되어 자신뿐 아니라 집안과 국가까지 망하게 하려 하느냐"라며 꾸짖었습니다. 부모들은 아편전쟁 때 서양이 기독교를 앞세워 대륙을 망하게 했다고 생각했기 때문에 더욱 제자들을 심하게 책망했습니다. 그러다 보니 마음에 깊은 상처를 입은 몇몇 제자는 명절에 고향에 다녀온 후 우리와 관계를 끊고 모습을 보이지 않기도 했습니다.

우리는 이 문제를 극복하려고 사도행전을 20주에 걸쳐 공부했습니다. 사도행전이 끝난 2001년 7월, 제자들을 6명에서 12명씩 한 조로 짜서 2주 동안 전도 여행에 보냈습니다. 직장에서 휴가를 얻기 어려운 제자들은 헌금으로 동참했습니다. 이렇게 모든 제자가 전도 여행에 동참하게 되었습니다.

당시 대륙은 이상한 사이비 단체에 대한 탄압이 있었습니다. 창시자가 교주 역할을 하며 수련자가 1억 명이 넘어서자, 정부는 위협을 느끼고 강력한 탄압을 했습니다. 대륙 전역이 한바탕 홍역을 치른 후라 전도를 하면 "그 사이비 단체냐?"고 묻곤 했습니다. 제자 중에서는 적극적으로 전도를 하는 사람도 있었지만, 마지못해 참여한 이들도 있었습니다.

하지만 제자들이 복음을 전하자, 사람들이 "당신들 신분이 뭐냐"고 물었습니다. 그러자 제자들은 "T대생이다", "B대생이다"라고 하며 자기 학교를 밝혔습니다. T대학과 B대학은 대륙 명문 대학입니다. 그러자 지방 사람들이 T대생이 믿는 하나님, B대생이 믿는 하나님을 나도 한번 믿어보자며 성경 공부에 응하기 시작했습니다. 이렇게 복음을 들은 사람 중 많은 사람이 복음을 받아들이고 죄 사함을 받았습니다. 그래서 전도 둘째 날부터는 따로 전도하지 않아도 될 만큼 입소문을 듣고 사람들이 몰려들었습니다.

제자들이 말씀에 순종하여 복음을 전파하자, 지방의 많은 사람이 복음을 믿고 구원을 얻었습니다. 그들을 보며 T대학, B대학 제자들은 복음이 자신뿐 아니라 다른 사람도 구원하는 능력이 있다는 사실을 믿게 되었습니다. 그동안 기숙사와 고향집에서 복음을 전하다가 거절당하고 배척받아서 복음의 능력을 의심하던 제자들도 복음은 자신뿐 아니라 어떤 사람도 구원하고 변화시키는 능력임을 확신하게 되었습니다.

T 지역에서는 여전히 거절과 핍박을 받았지만, 지방에서 복음의 능력을 체험한 제자들은 이전과 달리 어떤 대적이나 핍박에도 위축되지 않았습니다. 핍박 속에서도 더욱 열정적으로 복음을 전했습니다. 복음의 능력에 대한 확신이 제자들을 강하게 했습니다. 그 믿음으로 불가능하다고 생각했던 T 지역의 제자 양성에 다시 도전하게 되었습니다.

하나님은 제자들의 믿음을 기뻐 받으시고 거듭나는 제자들의 수를 날마다 더해 주셨습니다. 제자들이 복음을 확신하고 전하자, 복음을 듣는 이들 모두에게 성령께서 강력하게 역사하셨습니다. 성령의 불길이 교회공동체에 뜨겁게 타오르게 되었습니다.

제13장

H 지역 핍박

1995년 여름, H 지역을 개척하던 여덟 명의 선교사가 추방되는 사건이 발생했습니다. 알고 보니 그들이 추방되기 약 1년 전쯤 한 공무원이 H 지역 선교사들이 돕고 있는 대륙 제자의 신원을 알아냈습니다. 공무원은 그의 신원을 알아낸 후 선교사들의 동향을 매주 보고하도록 지시하며 협조하지 않으면 본인은 물론 온 가족이 불이익을 당할 것이라고 협박했습니다.

그는 공무원의 위협에 굴복하여 1년 동안 선교사들의 정보를 제공했습니다. 공무원은 증거를 확보한 후 20여 명의 공무원과 함께 H 지하교회 집회 도중 들이닥쳐 샅샅이 압수 수색했습니다. 이때 대륙 전역에서 활동하던 선교사들의 연락처가 공무원의 손에 들어가게 되었습니다. 결국, H 지역의 선교사들은 추방되고 말았으며 나머지 대륙 선교사들도 공무원의 감시 대상이 되어 우리 T 지역 교회도 이때 공무원의 레이더망에 잡혔습니다.

대륙의 심장 T 지역을 개척하던 우리는 이때부터 더욱 조심스럽게 선교 전략을 세웠습니다. 제자의 수가 열두 명 이상 되면 또 하나의 교회를 개척하여 나누었습니다. 소규모 공동생활을 중심으로 사람이 많이 모이는 집회보다 일대일 제자 양성에 전념했습니다. T 지역의 제자들은 2년 가까이 우리 가정과 선배들과 함께 살며 훈련을 받았기 때문에 비록 작은 공동체로 흩어졌으나 신앙이 성장하는 데는 큰 어려움이 없었습니다.

오히려 공무원이 핍박하면 핍박할수록 성령께서는 더욱 강력하게 역사하셨습니다. 대륙인 리더들은 직접 학생들과 공동생활을 해보니 우리 가정의 고충을 피부로 느껴 우리를 더욱 신뢰했습니다. 우리는 H 지역과 같은 전철을 밟지 않도록 가정교회 밖에서 전도한 후 그 사람이 예수님을 그리스도로 영접할 때까지는 교회의 위치를 알려 주지 않았습니다. 캠퍼스나 외부에서 개인적으로만 성경을 가르쳤습니다. 그러다가 그가 예수님을 그리스도로 영접한 것이 확실하면 공동체에 초청하여 예배를 드리고 신앙 훈련을 받게 했습니다.

이렇게 은밀하고 인격적인 성경 공부를 하자, 성령께서는 오히려 더 많은 대륙 학생이 예수님을 만나게 하셨습니다. 운명과 정욕과 돈과 거짓 사상의 종이 되어 삶의 목적과 방향을 잃고 방황하던 젊은이들이 거듭나고 새로운 인생을 살게 되었습니다. 놀랍게 변화된 제자들은 기쁨을 이기지 못하고 복음을 들고 캠퍼스로 나가기 시작했습니다. 학교 식당은 아침, 점심, 저녁 식사 시간에만 개방했기 때문에 각자 성경 공부할 장소를 찾아야 했습니다.

대학교 안에 성경 선생이 많아지자, 학교 안의 작은 동산이나 정자, 호수 주위와 학교 인근의 백화점(백화점은 오전 시간만 가능했습니다.), 맥도날드 매장, 캔터키치킨 매장, 분식집 등이 성경 공부하는 장소가 되었습니다. 제자들이 복음을 전할 때 학생들의 배척은 여전했으나 더 이상 그것이 전도를 막는 걸림돌이 되지 못했습니다.

학교 동산의 정자에서 성경을 가르치다가 비가 오면 정자의 처마 밑으로 떨어지는 빗줄기를 커튼 삼아 성경 공부를 하기도 했습니다. 복음을 전하면 성령께서 반드시 일하신다는 것을 체험한 제자들은 12명에서 30명을 한 팀으로 묶어 지방의 대학까지 찾아가 개척하게 되었습니다. 핍박에 굴하지 않고 두려움을 이기고 더 강력한 전도단을 만들었습니다.

이렇게 성령은 H 지역 핍박에 대한 두려움에 굴복하지 않고 오히려 더 활기찬 제자 양성의 역사를 이루어 주셨습니다. 이렇게 제자들은 T 지역을 벗어나 대륙 전역을 위해 기도하고 전도하는 하나님의 큰 일꾼들로 성장하고 있었습니다.

제14장

H 지역 핍박의 후유증을 극복하다

    1997년 6월에는 국제 언론에 보도된 대로 H 지역에서 선교사 여섯 명이 추방되었습니다. 그 후 H 지역에서는 제자 양성이 잘되지 않고 있다가 영적 소원이 있는 제자가 생겼습니다. 그의 신앙을 굳게 세우기 위해 T 지역의 제자들이 그를 T 지역으로 초청하여 도왔습니다. 3주 동안은 말씀 훈련, 전도 훈련, 간증문 쓰기 훈련, 공동생활 훈련, 큐티 훈련을 집중적으로 했습니다.

    4주째는 T 시내 관광을 했습니다. 그런데 관광 마지막 날 그만 카메라를 차에서 잃어버리는 일이 생겼습니다. 카메라에는 T 지역 제자들과 함께 보낸 아름다운 모습들이 담겨 있었기에 아쉬워하며 H 지역으로 돌아갔습니다. 그런데 H 기차역에서 공무원에게 조사를 받게 되었습니다. 오랜 시간 H 지역을 떠나 T 지역에 갔던 것이 의심을 산 듯했습니다.

    그런데 다행히도 T 지역에서 카메라를 잃어버리는 바람에 T제자들의 얼굴이 담긴 사진을 들키지 않았습니다. 만일 카메라를 잃어버리지 않았다면 T제자들의 신원이 드러나고 우리 공동체에도 큰 위기가 올 수 있었던 아찔한 순간이었습니다. 카메라를 잃어버렸을 때만 해도 나쁜 일이라고 생각했는데 시간이 지나고 보니 우리를 보호하신 하나님의 크나큰 은혜였습니다.

사실 공무원국에서는 이미 2년 전부터 우리가 H 지역으로 보낸 성경 공부 교재를 입수하여 저와 T 지역의 공동체를 추적하고 있었습니다. H 선교사를 심문할 때도 제 강의안에 적힌 대륙을 '흑암에 앉은 백성'이라고 표현한 문구에 대해 "너희는 햇볕에 앉았느냐?"라고 트집을 잡으며 심문했습니다.

저는 핍박의 불똥이 H 지역에서 T 지역으로 튀는 것은 아닌가 하여 마음이 무겁고 답답했습니다. 게다가 아직 믿음이 연약한 제자들을 생각하면 마음이 아팠습니다. 이때 성령께서 요한복음 10장 28, 29절 말씀으로 저에게 찾아오셨습니다.

> 내가 우리에게 영생을 주노니 영원히 멸망치 아니할터이요 또 우리를 내 손에서 빼앗을 자가 없느니라. 우리를 주신 내 아버지는 만유보다 크시매 아무도 아버지 손에서 빼앗을 자가 없느니라(요 10:28-29).

저는 이 말씀을 들으며 제가 제자들을 붙들고 있는 것이 아니라 만유보다 크신 하나님께서 그들을 붙들고 계심을 깨닫고 나의 믿음 없음을 회개했습니다. 이때 성령께서는 사도행전 8장 말씀을 주셨습니다. 사탄이 예루살렘을 핍박했을 때 오히려 제자들이 흩어져 사마리아와 이방 세계에 복음이 전파되는 것을 알 수 있었습니다. 이처럼 핍박을 통해서 하나님께서는 대륙 1,238개 캠퍼스에 복음이 전파되는 비전을 갖게 하셨습니다.

하지만 우리는 뱀처럼 지혜롭게 행동하기로 결정하고, 상황이 잠잠해질 때까지 우리 가정은 사태가 잠잠해질 때까지 한 학기 동안 한국으로 피신하기로 했습니다. 대륙 제자들에게는 소그룹이 중심이 되어 각자 신앙을 잘 지키도록 격려했습니다. 제자들은 하나같이 신앙을 잘 지키겠다고 다짐했습니다.

그러나 6개월 후 돌아와 보니 믿음을 잘 지킬 것이라던 이들은 무너져 있었고 오히려 연약했던 자들이 믿음을 지키고 있었습니다. 신앙은 자기를 의지하지 않고 오직 자기의 부족함을 인정하고 주님만 의지하는 사람에게 열매가 맺힌다는 것을 다시금 깨달았습니다.

6개월이 지났지만, 핍박에 대한 두려움이 여전히 저와 제자들을 괴롭혔습니다. 이 두려움은 한국에 잠시 피신했다 오고 나의 성을 바꿔 부르게 했지만, 없어지지 않았습니다. 저는 뒤에 숨어 120여 명의 대륙 제자들이 우리 앞에서 열심히 뛰어 주기를 바랐습니다. 그러나 제자들은 이런 나의 마음을 정확히 알고 움직이지 않았습니다. 새로운 학생을 만나도 대적하고 변론하는 사람만 만나 제자들은 더 위축되었습니다.

이때 하나님께서는 요한복음 후반부 말씀을 통해 성령께서 하시는 사역이 무엇인지 깨닫게 해 주셨습니다. 또 사도행전 말씀을 통해 두려움을 극복하는 길은 오직 성령을 의지하는 길밖에 없음을 깨닫게 해 주셨습니다. 부활절에는 사도행전 3장 6절 말씀을 통해 부활하신 예수 그리스도의 이름 권세를 믿는 믿음을 주셨습니다.

하나님께서는 핍박으로 전도의 자유도 없을 뿐만 아니라 성경 공부할 장소는 물론이고 새신자가 많이 와도 감당할 수 없는 등 여러 가지 어려움으로 위축되어 있던 제게 예수님의 이름으로 극복하고자 하는 소원을 주셨습니다. 핍박이 없도록 기도하기보다 핍박을 잘 이겨낼 수 있는 믿음을 주시도록 기도했습니다.

1997년 여러 큰 사건 이후에 공무원은 예전보다 더 자주, 더 철저하게 가택 수사를 하기 시작했습니다. 당시 언제 추방될지도 모르는 위기 때문에 우리 가정은 대학에서 더 멀리 떨어진 변두리로 거처를 옮겼습니다. 그러다 보니 제자들이 자주 오기 어려워졌는데도 우리는 여전히 변두리에 머물러 있었습니다.

얼마 후 말씀으로 믿음을 회복한 우리는 두려움을 회개하고 다시 대학교 주변으로 돌아왔습니다. 우리가 거처를 옮기고 제자들 역시 열심히 했지만, 쉽사리 캠퍼스에 나가질 못했습니다. 성령님은 제자들의 이런 모습이 무엇보다 나의 믿음이 부족해서 그런 것임을 알게 하셨습니다. H 지역의 많은 선교사가 추방되자 저의 위축된 마음이 제자들이 우리 가정에 드나들지 못하도록 한 것입니다. 저는 이 문제를 깊이 회개하고 닫았던 가정을 다시 제자들에게 열었습니다.

또 성령께서는 아내에게 일주일에 15팀의 일대일 성경 공부에 도전하고자 하는 소원을 주셨습니다. 그리고 이루어 주셨습니다. 그러자 움츠려있던 제자들도 회개하고 캠퍼스로 나왔습니다. 성경 공부를 할 장소가 마땅치 않다고 불평하던 제자들이 비가 오면 건물 처마 밑에서 성경을 가르쳤습니다. 겨울에는 식당이나 학교 복도, 잔디밭, 정원 구석구석에서 말씀을 가르쳤습니다.

제자들이 뜨거운 마음으로 복음을 전하자, 얼어붙은 대륙 학생들의 마음이 녹기 시작했습니다. 하지만 제자들이 얼마나 오래 T 지역의 매서운 추위를 견뎌낼지 알 수 없었습니다. 기온이 영하로 곤두박질치고 살인적인 차가운 바람이 불어오면 몸이 얼기 전에 말씀을 전해야 했습니다. 제자들은 전할 말씀을 10분 안에 전달할 수 있도록 요약본을 준비하여 전했습니다.

동장군이 성령의 열기를 끄지나 않을지 그리고 아직은 어린 제자들이 언제까지 감시의 눈길을 견뎌낼 수 있을지 하루하루 눈보라를 뚫고 걸어가는 것 같았습니다. 그러나 우리에게 닥친 추위와 고난은 오히려 다가오는 4월의 봄과 장차 얻게 될 영원한 하나님 나라의 따뜻한 집을 사모하게 했습니다.

제15장

부대 안에서 수련회를 열게 하신 하나님

우리는 H 지역 선교사 추방 사건으로 위축된 제자들의 믿음이 회복되도록 휴양 도시 근처에서 24일간의 긴 수련회를 열었습니다. 휴양 도시는 대륙 국가 지도자들이 큰 대회 전에 모여 휴양하며 국가의 정책 방향을 잡는 곳입니다. 제자들은 우리도 대륙의 영적 지도자들이니 휴양 도시 근처에서 믿음을 굳게 하고 영적 방향을 잡자고 했습니다.

그런데 휴양 도시는 겨울에는 고급 호텔을 제외하고는 난방 시설을 갖춘 여관이 없었습니다. 난방이 되는 여관 한 곳을 겨우 찾았는데 공교롭게도 전투 경찰 부대 안에 있었습니다. 우리는 할 수 없이 그곳을 수련회 장소로 빌렸습니다.

아침 기도 모임을 위해 일어나 밖을 보면 운동장에서 군인들이 훈련하고 있었습니다. 일주일쯤 지나자 우려했던 일이 일어났습니다. 우리 모임을 수상하게 여긴 부대의 간부가 찾아온 것입니다. 그리고 이상한 사이비 단체가 아니냐고 물었습니다. 우리가 수시로 모여 기도하고 찬양을 하니 국가에서 금지하는 이상한 사이비 단체가 아닌지 의심했던 것입니다.

우리는 T 지역의 가정교회에서 왔다고 하자 이상한 사이비 단체가 아니면 괜찮다고 하며 돌아갔습니다. 그 이후 우리는 마음 놓고 24일간 수련회를 편안하게 가질 수 있었습니다. 꽤 긴 시간의 수련회를 통해 지쳤던 제자들이 영적으로 회복되기 시작했습니다.

이 일 이후 수련회는 주로 부대에서 가졌습니다. 부대는 공무원에게는 치외법권과 같은 장소라 안전했습니다. 우리는 공무원의 감시 대상이었기 때문에 부대 안이야말로 공무원으로서는 등잔 밑이 어두운 격이었습니다. 한편으로는 부대이기 때문에 문제로 삼는다면 우리 교회로서는 엄청난 타격을 받을 수밖에 없는 '호랑이 굴'과 같은 곳이었습니다.

그러나 성령께서는 참 신비하게도 감시가 심한 그때 부대 안에 있는 건물을 알게 하셔서 공무원의 눈을 피해 군부대 안에서 수련회를 가질 수 있게 하셨습니다. 이 때문에 자칫 믿음이 약해질 수 있었던 제자들은 말씀으로 굳건해질 수 있었습니다. 몸과 마음 모두 지쳐 있던 우리는 긴 수련회를 통해 말씀 안에서 기력을 회복할 수 있었습니다.

제16장

수련회에 임한 불같은 성령의 은혜

핍박 속에서도 우리는 매년 네 차례 수련회를 열어 제자들을 도왔습니다. 평소 가정예배를 드릴 때는 찬양과 기도를 마음껏 하지 못하기 때문에 모두가 수련회를 기다렸습니다. 수련회에서는 기도와 찬양을 온몸으로 마음껏 할 수 있어 성령 충만을 받았습니다.

특히, 처음 수련회에 참석한 제자들이 수련회 도중 예수님을 만나는 경우가 대부분이었습니다. 그들은 다른 형제자매들 앞에서 자기가 살아온 이야기를 간증했습니다. 말씀을 들으며 어떻게 치유되었는지, 예수님께서 자기 삶에 어떻게 다가오셨는지 고백했습니다. 각자의 구구절절한 이야기와 그를 만나 주신 주님의 은혜를 들으면 누구라도 온 맘으로 찬양하지 않을 수 없을 만큼 은혜가 넘쳤습니다.

우리 공동체가 정기적으로 가진 수련회는 다음과 같습니다.

첫 번째는 신년 수련회입니다.

명절에 고향에 다녀오면 가족들의 핍박 때문에 풀이 죽은 제자들을 위해 명절이 지나고 새 학기를 시작하기 전에 신년 수련회를 열었습니다. 대륙에서는 양력 신년은 큰 의미가 없고, 모든 학교와 직장이 음력설에 방학하거나 쉬기 때문에 음력설을 보내고 2월 중순에서 2월 말에 첫 수련회를 했습니다.

  신년 수련회의 목적은 리더 제자들의 믿음을 굳게 세우는 것이었습니다. 새해 말씀에 순종해서 '올해를 어떻게 살 것인가'를 결단하는 시간이었습니다. 신년 수련회를 하면서 마음 안에, 가족에 대한 연민과 두려움으로 기운이 없었던 제자들에게 말씀이 굳게 자리 잡았습니다. 마음 첫 자리에 예수님을 모시고 복음을 전하고 어린 제자들을 섬기려는 열망이 다시 타올랐습니다. 말씀 위에 굳게 선 제자들은 힘차게 봄이 오는 캠퍼스로 나갔습니다.

두 번째는 부활절 수련회입니다.
  이 수련회는 제자들 위주로 부활의 믿음을 심었습니다. 대륙에서는 5월 첫 주는 나라 전체가 쉬는 분위기입니다. 수련회는 이때를 이용해서 가졌습니다. 신년 수련회에 은혜를 받고 힘차게 캠퍼스로 나갔지만, 냉랭한 학생들과 힘든 학업으로 지치기 시작할 때가 이때입니다. '이러다가 망하지 않을까, 죽지 않을까?' 하는 두려움이 찾아올 때 "나는 부활이요 생명"이라는 예수님의 말씀은 죽음의 세력을 물리쳤습니다. 제자들은 예수님 안에는 결코 죽음이 없음을 다시 기억하고 학업과 복음 전파에 도전했습니다.

세 번째는 여름 수련회입니다.
  모든 수련회 중 가장 규모도 크고 영적으로 중요한 수련회가 여름 수련회입니다. 여름 수련회는 1학기 동안 새로 성경을 배우기 시작한 초신자들이 복음을 깊이 영접하도록 도왔습니다. 어린 제자들은 여름 수련회에 자기가 성경을 가르치던 사람들을 초청하여 거듭나도록 도왔습니다.

그 과정에서 어린 제자들은 '사람을 낚는 어부'로 자랐습니다. 여름 수련회는 여름 휴양과 수련회를 겸했기 때문에 영적으로나 육체적으로나 큰 쉼이 되었습니다. 수련회가 끝나면 새로 거듭난 학생들의 은혜로운 얼굴과 그들을 도우며 성장한 제자들의 듬직한 모습으로 교회가 활기차고 풍성해졌습니다.

네 번째는 성탄 수련회입니다.

이때는 성탄 축제를 열어 새로운 사람들을 초청하고 복음을 듣도록 도왔습니다. 대륙이라도 크리스마스 문화에 대해서는 거부감이 적었기 때문에 자연스럽게 사람들을 초청할 수 있었습니다. 우리는 무용과 연극, 캐롤송 등으로 다채로운 무대를 준비하여 사람들을 초청했습니다. 초청 받은 사람들은 밝은 분위기에 마음을 열고 영적인 소원이 있는 분들은 성경 공부로 이어졌습니다.

T교회의 성탄 수련회는 12월 10일쯤 일찍 열었습니다. 12월 25일 성탄절 전후에는 새로 개척하고 있는 지방 도시의 성탄 축제를 지원하러 갔습니다. 많은 수의 제자가 T 지역에서 가면 새로 개척한 지방의 작은 교회는 큰 위로와 힘을 얻었습니다. 말 그대로 성탄의 기쁨이 가득했습니다.

이 네 번의 수련회는 가정에서 은밀히 예배드리다가, 이때보다 큰 소리로 찬양하고 기도하며 예배를 드릴 수 있어 성령이 강력하게 역사했습니다. 동시에 수련회 때마다 생명을 내놓는 위험과 긴장도 따라왔습니다. 많은 사람이 모이고 찬양과 기도를 크게 하기 때문에 자칫하면 공동체 전체가 위험에 빠질 수 있었습니다. 그래서 우리는 늘 적합하고 안전한 장소를 주시도록 간절히 기도했습니다. 하나님은 기도를 들으시고 매번 기적적으로 은밀한 장소를 찾게 해 주셔서 공무원의 레이더망으로부터 숨겨 주셨습니다.

수련회에 일어난 하나님의 은혜중 기억에 남는 몇 가지를 나누고 싶습니다. 1994년 겨울에 T 지역에서 역사적인 첫 수련회를 가졌습니다. 수련회를 위해 T 지역에서 두 시간 거리에 있는 여관을 예약했습니다. 100여 명이 참석할 예정이었는데 여관은 200명을 수용할 수 있는 큰 규모였습니다. 그러나 안전을 위해 비용을 들여서라도 여관 전체를 계약했습니다.

그런데 막상 계약한 날 대절한 버스를 타고 여관에 가니 여관 마당에서 초등학교 6년생들이 훈련을 받고 있었습니다. 여관 주인은 국가에서 강제적으로 배정하기 때문에 자기도 어쩔 수 없다고 했습니다. 우리는 외부인들과는 함께 행사를 할 수 없다고 했습니다. 그러자 여관 주인은 사방으로 알아보더니 외부에 개방하지 않은 건축 대학 실습장을 쓸 수 있게 해 주었습니다. 건축 대학 실습장은 높은 담으로 둘러싸여 있어 매우 안전했습니다. 하나님은 우리가 원래 계획했던 곳보다 더 좋은 곳, 더 안전한 곳을 예비해 주셨습니다.

T 지역에 선교 역사가 활발히 일어나 제자들의 수가 점점 더 많아져서 수련회 장소도 더 크고 안전한 곳을 찾아야 했습니다. 그러자 하나님께서 그에 맞는 장소로 인도해 주셨습니다. 수련회를 할 때면 그 주위의 식당도 계약해 함께 식사를 했습니다. 우리는 식사기도 대신 식탁 위에서 손을 맞잡고 우리만 아는 문장으로 말하며 기도를 대신했습니다.

한번은 T 지역 변두리에서 수련회를 하는데 많은 사람이 모인다는 말을 듣고 공무원들이 조사를 나왔습니다. 그때 제자 중에 기자가 있었는데 혹시 모를 사태에 대비해서 자선사업에 대한 PPT를 미리 준비해 왔습니다. 공무원이 왔다는 말을 듣고 하던 모임을 급히 중단했습니다. 그리고 그가 태연하게 자기가 준비한 자선사업 설명회 PPT를 켜 놓고 강의로 대체하여 위기를 넘기기도 했습니다. 모두가 연기자가 되어 위기를 모면한 순간이었습니다.

또 한번은 겨울 신년 수련회 중에 일어난 일이었습니다. 수련회 장소 2층 복도에는 연탄난로가 놓여 있었는데, 그 난로는 오래되어 연탄가스(일산화탄소)가 새고 있었습니다. 우리는 가스에 중독된 줄도 모른 채 수련회를 진행했는데, 도중에 제자들이 점점 두통과 메스꺼움을 호소하기 시작했습니다. 왜 그런지 이유를 알지 못한 채, 특히 증상이 심한 제자 한 명을 소형 봉고차에 태워 급히 병원으로 향했습니다.

겨울밤 길을 달리는 낡은 봉고차 안에는 찬 바람이 숭숭 들어왔습니다. 그런데 병원으로 가는 도중, 맑고 찬 공기를 마시자, 가스로 중독되었던 몸이 저절로 회복되면서 두통이 모두 사라졌습니다. 병원에 도착해 진찰해 보니, 원인은 일산화탄소 중독이었습니다. 그제야 복도에 있던 낡은 연탄난로가 문제였다는 사실을 알게 되었습니다. 낡은 봉고차 덕분에 제때 찬 공기를 쐬며 큰 사고 없이 회복할 수 있었고, 수련회도 무사히 마칠 수 있었습니다. 하나님께서 우리를 보호하신 은혜의 순간이었습니다.

이렇게 성령이 더욱 강력하게 역사하시자, 수련회를 열면 한 번에 사오백 명씩 모이게 되었습니다. 규모가 커질수록 공무원의 주목을 끌기 때문에 점점 안전에 위협을 느꼈습니다. 그렇다고 수련회를 두세 번 나누어 하면 발각될 위험이 더 컸습니다. 우리는 많은 사람을 수용할 수 있는 넓은 장소를 찾아 한 번에 수련회를 열기로 했습니다.

하지만 그렇게 많은 인원을 수용할 수 있는 곳을 찾기란 쉽지 않았습니다. 그래서 주로 부대 안에 들어가 수련회를 했습니다. 부대 안의 수련회는 공무원으로부터는 자유했지만, 군인들에게 알려질 경우 그 파급력은 상당했기 때문에 수련회마다 엄청난 긴장감을 느꼈습니다.

한번은 어느 성탄 수련회에 450명이 모였습니다. 2박 3일의 성탄 수련회가 끝나고 여러 개척 도시에 성탄 예배 지원을 하러 떠나는 제자들을 위한 예배를 드리려던 참이었습니다. 그런데 파송 예배 직전에 이슬람 지역에서 온 제자가 회사 면접이 있어 가야한다고 해서 그를 버스 정류장까지 바래다주려고 나갔습니다.

그런데 가는 도중에 여러 대의 공무원 차가 정보를 듣고 우리를 덮치기 위해 수련회 장소 쪽으로 가는 것을 보았습니다. 그래서 급히 우리에게 전화했습니다. 파송 예배가 시작되면 힘찬 찬양 소리 때문에 전화를 받을 수 없는데 다행히 예배 직전이라 전화 소리를 들을 수 있었습니다. 우리는 재빨리 집회를 중단하고 흩어졌습니다.

그 제자가 면접이 없었더라면, 찬양 집회가 시작되었더라면, 우리는 꼼짝없이 공무원에게 체포되고 저는 대륙에서 추방되었을지도 모릅니다. 이렇게 성령님은 기이한 일들을 통해 수련회를 축복하시고 또 공무원의 조사와 여러 위험으로부터 우리를 지켜 주셨습니다.

제17장

국제기관 종사자도 구원 얻게 한 복음의 능력

　대륙 국제기관에 종사하는 한 형제가 있었습니다. 그와 친분이 있는 제자가 복음을 여러 번 전했지만, 단단한 바위처럼 튕겨냈습니다. 정부에 대한 자부심이 대단했기 때문이었습니다.

　그런 그가 아이티 대지진 때 대륙 파견 국제기관 종사자로 아이티로 가게 되었습니다. 파견 기간이 끝나고 귀국하는 길에 일행과 함께 미국 관광을 하게 되었습니다. 동료가 십여 명 되었는데 모두 결혼한 당원이었습니다. 그런데 기혼인 그들이 미국에서 모두 홍등가를 찾아가는 부도덕한 모습을 보았습니다. 그들에 대한 그의 막연한 자부심이 산산조각 났습니다.

　그들에게 실망한 그는 진지하게 성경을 공부하기 시작했습니다. 그리고 하나님 말씀만이 진리임을 믿게 되었습니다. 세례를 받고 제자 훈련을 받았습니다. 그렇게 은혜로 가득 차서 한 달 동안 여러 사람에게 복음을 전했는데 생각과 달리 한 사람도 전도하지 못했습니다. 그는 너무 실망해서 제게 전화를 했습니다. 전화기 너머로 한 달 동안 전도를 했는데 한 명도 전도가 되지 않는다고 울먹였습니다.

저는 그를 달래며 전도를 어떤 방법으로 했는지 물었습니다. 그는 처음 전도를 하면 상대방이 "당신 혹시 이상한 사이비 단체가 아니냐?" 물어보았고, 그때마다 "나는 국제 기간 종사자입니다"라고 답했다고 합니다. 그러자 사람들이 모두 도망가 버렸다고 했습니다. 대륙 사람들에게는 국제 기간 종사자에 대한 막연한 두려움이 있었기 때문입니다. 그런 두려움을 이기고 국제 기간 종사자에게 성경을 공부할 사람은 아무도 없었습니다.

그래서 저는 그에게 사회적 신분은 국제기관 종사자이지만, 복음을 전할 때는 '성경 선생'으로 자신을 소개하라고 조언했습니다. 그는 조언대로 자기를 '성경 선생'이라고 소개하며 많은 사람에게 열심히 전도하고 성경을 가르쳤고 삼사십 명이나 전도하여 가정교회를 이루게 되었습니다.

그러나 국제기관 종사자이라는 신분은 교회를 섬기는 데도 어려움이 있었습니다. 그에게는 네 살 된 아들이 있었는데 유치원에 가면 아이가 집에서처럼 찬양을 흥얼거리고 말씀을 옹알거리는 바람에 유치원에 보낼 수가 없었습니다. 아이 때문에 불법으로 금지하는 전도를 하는 것을 들키면 직장에서 쫓겨날 뿐 아니라 고초를 겪을 것입니다.

이런 일은 그가 대륙에서 근무하는 한 피할 길이 없었습니다. 그는 복음 전파는 하고 싶은데 국제기관 종사자로 근무도 해야 하는 딜레마 때문에 고민하고 기도했습니다. 대륙이 아니면 고민하지 않아도 되는 아픔이었습니다. 하지만 하나님은 이런 해결책이 없어 보이는 딜레마를 쓰셔서 오히려 세계 선교의 길을 열어 주셨습니다.

그 무렵, 제가 속한 선교 단체에서 개척한 우간다의 베데스다병원에서 도움이 필요하다는 요청이 왔습니다. 아프리카 제자들을 도울 선교사가 필요한데 한국에서는 지원자가 없으니 혹시 대륙에는 선교사로 지원할 사람이 있는지를 문의하는 연락이었습니다.

이 소식을 듣고 다윗이라는 제자가 즉각 지원하여 나가게 되었습니다. 연이어 아프리카 선교의 길을 열어 주셔서 여러 대륙 제자가 아프리카 선교사로 파송되면서 그(국제기관 종사자)도 안정된 대륙의 직장보다 아프리카 선교사로 나가기로 마음을 먹었습니다. 주님은 그를 국제기관 종사자가 아니라 '국제 복음 전도자'가 되게 하셨습니다.

우리는 모두 25명의 선교사를 순차적으로 아프리카 우간다에 파송하게 되었습니다. 하나님은 핍박에 대한 두려움으로 자칫 움츠러들기 쉬운 우리 제자들의 사역의 지경을 넓히셔서 대륙을 벗어나 아프리카까지 선교하는 교회가 되게 하셨습니다.

제18장

전 가족을 질병의 위협에서 건져 주신 하나님

대륙 선교의 또 다른 고난은 '질병'이었습니다. 하나님은 여러 질병 가운데서도 우리 가족을 보호하셨습니다. 특히, 저는 대륙 선교 초기에 열악한 환경으로 많은 건강 문제를 겪었습니다.

처음 자비량으로 시작한 대륙 선교는 우리 가정의 힘으로 감당하기에 역부족이었습니다. 1989년부터 시작한 대륙 선교는 지금의 수교 관계와는 달라 많은 어려움이 있었습니다. 한국과 대륙이 수교가 되지 않아 R 지역에서 비자를 받아 T 지역이나 다른 도시로 가야 했습니다.

비행깃값과 체류 비용이 만만치 않아 선교 비용을 주시도록 기도하는데 어느 날 갑자기 설사하기 시작했습니다. 전에는 이틀 이상 설사를 한 적이 없었기 때문에 지사제를 먹으면 나을 것으로 생각하고 병원에 가지 않고 한 달 동안 약만 먹었습니다. 그런데 점점 더 나빠졌습니다.

대륙에 들어가야 할 일정이 촉박해서 병원에 가지 못하고 R 지역에 도착했는데 걷기도 힘들 지경이 되었습니다. R공항에서 겨우 입국수속을 하고 R 지역에서 사역하는 선교사에게 연락하여 함께 병원에 갔습니다. 진찰 결과는 장염이었습니다. R병원에서는 대륙의 위생이 열악하다며 장염 약을 추가로 처방해 주었습니다.

초창기 대륙의 열악한 주거 환경과 여러 번 공무원의 단속을 받으므로 긴장의 연속이었습니다. 게다가 T 지역에 온 후 성령의 강력한 역사로 제자들의 수가 날마다 더해져 쉬지 못하고 새로운 공동체를 세워야 했습니다. 늘 스트레스 상황이니 몸이 견디지 못하고 면역력이 약해져 질병의 위협에 노출되었습니다. 이 때문에 튼튼한 편이었던 나의 몸이 버텨내지 못했습니다.

한번은 온몸에 피부병이 생겼는데 어떤 약을 먹어도 낫지 않았습니다. 욥처럼 피부가 가려워 고통스러웠습니다. 나중에 알고 보니 기침이 낫지 않아 먹은 독한 약의 부작용으로 생긴 약물중독이었습니다. 약물중독으로 피부병이 생겼는데 그걸 고치겠다고 또 약을 먹었으니 나을 리가 없었습니다. 원인을 알고 독한 약을 끊고 생수로 오랫동안 장을 씻어내자 겨우 피부가 돌아왔습니다.

이처럼 저는 대륙 선교를 하는 동안 장염, 십이지장궤양, 피부염, 간염, 알레르기성 비염(대륙은 살인적인 미세먼지 때문에 많은 사람이 비염에 시달립니다), 나중에는 갑상선 암까지 걸려 많은 고통을 겪었습니다. 갑상선 암 수술 후에는 방향 감각도 없어지고 신경이 예민해져 불면증에 시달렸습니다. 심지어 십여 년 전에는 파킨슨까지 시작되었습니다. 정말 걸어 다니는 종합병원이 되어 있었습니다.

그러나 돌아보면 더 심한 병에 걸릴 수도 있었지만, 하나님께서 생명 싸개로 지켜 주셨음을 고백합니다. 하나님의 은혜로 질병에 쓰러지지 않고 끝까지 대륙 선교를 감당케 해 주셨습니다.

저뿐만 아니라 가족들도 함께 건강 문제로 고생했습니다. 특히, 가족 중 한 자녀는 대륙의 나쁜 공기와 선천적으로 약한 면역력 때문에 열세 번이나 폐렴에 걸렸습니다. 주말이면 제자들이 집으로 몰려와 말씀 훈련을 받는데 그중 한 사람이라도 감기에 걸렸으면 어김없이 이 아이에게 옮았습니다. 당시 대륙 감기약은 효과가 거의 없었습니다. 이 때문에 이 아이는 감기에 걸리면 폐렴까지 진행되곤 했습니다.

대륙 병원에서는 감기 환자에게는 주사를 놓아주지 않았는데 우리가 아무리 사정을 해도 의사가 감기라고 하며 주사를 놓아주지 않아 결국 폐렴까지 가게 되는 일이 반복되었습니다. 이렇게 이 아이는 열세 번이나 폐렴에 걸리게 된 것입니다.

병상에서 어린 자녀가 링거를 꽂고 있는 것을 보고 마음이 많이 힘들었습니다. 그런데 이 아이는 링거를 맞을 때마다 주사바늘이 혈관에 꽂히는 것을 보면서 웃고 있었습니다. 그래서 간호사들이 이 아이를 치료하면서 매우 좋아했습니다. 이 아이의 웃음은 마치 우리의 믿음 없음을 나무라는 것 같았습니다. 그리고 우리를 이렇게 위로했습니다.

'아빠, 대륙인을 위해서 고난 받는 것인데 너무 슬퍼하지 마!'

아이의 웃음과 말은 작은 고난에도 슬퍼하는 우리 부부를 회개하게 했습니다.

또 다른 자녀도 공동생활을 하던 중 함께 지내던 대륙인 제자에게 결핵이 전염되어 폐결핵을 앓았습니다. T대학 1학년 때는 가장 독한 결핵약을 8개월 동안 먹으면서 눈물과 기도로 힘든 학업을 해냈습니다. 이 아이는 폐결핵을 통해 아프고 연약한 사람들을 이해하게 되었다며 T대학 졸업 후에 의료 선교의 꿈을 꾸게 되었습니다. 그래서 의대에 도전하여 입학했습니다. 지금도 그 꿈을 향해 의사요 선교사의 길을 가고 있습니다. 하나님은 폐결핵이라는 질병을 통해서도 아들을 성장시키고 꿈을 주셨으며 지금 그 삶을 살아내게 하십니다.

  아내도 세 번이나 대륙 제자들을 섬기다가 폐렴, 기관지 확장, 폐결핵 등 호흡기 질환의 병에 걸리게 되었습니다. 그러나 우리 모든 식구는 그리스도를 위한 고난을 기쁘게 받아들였습니다. 하나님께서는 우리 가족을 축복하시고 모두가 선교사의 삶을 살게 해 주셨습니다. 연약한 육신이지만 마지막 날까지 주께서 주신 생명을 대륙 선교에 드릴 수 있기를 소원합니다.

> 내가 이제 너희를 위하여 받는 괴로움을 기뻐하고 그리스도의 남은 고난을 그의 몸된 교회를 위하여 내 육체에 채우노라 (골1:24).

제4부
T 지역에서 타지방으로 복음이 퍼져가다

제19장 L성 M 지역 개척

제20장 I 지역에서 공무원에게 복음을 선포하다

제21장 D 지역 가정교회에 임한 은혜

제22장 무슬림 지역에 복음을 전하다

제19장

L성 M 지역 개척

성령께서는 T 지역의 핍박에 굴하지 않고 오히려 복음이 T 지역에서 타지방으로 퍼지게 했습니다. 우리 제자의 많은 수가 T대학과 B대학 출신이었습니다. 대륙이 인정하는 최고의 수재들입니다. 하나님께서는 그들의 신분도 사용하셔서 자칫 기독교에 대한 경계심으로 복음을 거절할 수 있었던 지방의 영혼들을 무장해제 시키셨습니다.

그리고 그들의 마음에 T대학, B대학생들이 믿는 예수님은 어떤 분이신지 알고 싶은 마음을 주셨습니다. 그렇게 복음은 피가 심장에서 온몸으로 퍼져가듯 T 지역에서 지방의 도시로 퍼져가게 되었습니다. 전도단이 더욱 활성화되어 여름 수련회뿐만 아니라 노동절 공휴, 국경절 공휴, 겨울 방학마다 각 지방으로 나아갔으며 T 지역뿐 아니라 여러 지역에 개척되기 시작했습니다.

일반적으로 전도단을 결성하면 12-20명이 한 팀이 되어 2주 정도 전도를 했습니다. 전도를 하면 적게는 20명에서 많게는 80명까지 전도하게 됩니다. 2주 동안 계속 전도하고 전도에 응한 사람에게 성경을 가르치고 새로운 사람에게 전도하고 공부하는 것을 반복합니다. 전도 마지막 날에는 학교 강의실을 빌려 그동안 공부한 사람들을 모두 초청하여 일일 수련회를 열었습니다. 그렇게 참석한 사람들의 믿음을 단단히 세운 후 T 지역으로 돌아왔습니다.

한 전도팀이 L성 S 지역을 개척하면서 S대학 캠퍼스에서 전도할 때 일입니다. 사는 곳은 M 지역이지만, Q대학에 다니고 있는 한 학생을 만나게 되었습니다. 이 형제는 엄마는 큰 식당을 하고 있고 아빠는 철강회사를 다녔습니다. 학교가 노동절 휴가 기간이라 일주일 동안 수업이 없어 친구가 있는 S 지역에 왔다고 했습니다.

노동절 휴가에 고향집에 가는 학생이 많았지만, 그는 부모가 이혼을 생각하고 있는 어수선한 집에 가기가 싫었던 것입니다. 그렇게 친구와 시간을 보내려고 S 지역에 온 것인데 T 지역 전도팀에게 전도를 받고 예수님을 영접하게 되었습니다.

형제는 예수님을 믿게 되자, 제일 먼저 엄마에게 전화했습니다. 그리고 "엄마, 이혼하지도 말고, 그렇게 살지도 말자!"라고 말했습니다. 그리고 지금 하나님 없이 사는 우리 가족의 삶은 불행하고 하나님이 기뻐하지 않는다고 복음을 전했습니다. 예수님이 엄마와 아빠와 저를 죄에서 구원하기 위해 십자가에 피 흘려 죽으셨다고 복음을 전했습니다.

그러자 놀란 엄마는 "너, 무슨 일이 있었니?" 하고 물었습니다. 형제는 부모의 이혼 소식을 듣고 너무 고통스러워 S 지역의 친구에게 왔다가 T 지역에서 온 전도팀을 만나 예수님을 영접하게 되었다고 자초지종을 말했습니다. 아들의 말을 들은 엄마는 T 지역의 전도팀 연락처를 달라고 했습니다. 그리고 얼마 후 정말 그의 엄마가 T 지역으로 달려왔습니다. 그리고 한 달 동안 머물며 성경을 공부했습니다.

그녀는 예수님을 영접하고 M 지역으로 돌아가 남편과 이혼하지 않기로 했습니다. 일요일이면 자기 식당의 종업원 30여 명을 모아놓고 예배를 드리기 시작했습니다. 또 친구의 미용실 종업원 20여 명도 모아놓고 예배를 드렸습니다. 그해 성탄절에 T 지역팀이 M 지역팀에 가서 성탄 예배를 드렸는데 남편은 아내가 복음으로 변한 것이 분명하다고 고백했습니다. 아내가 예수님을 영접한 후 결혼 20년 만에 처음 아침밥을 차려 주었다고 간증을 해서 모두가 웃었습니다. 그런데 아직 자기는 하나님의 능력을 직접 보지 않으면 믿을 수 없다고 했습니다.

이날 성탄 예배에는 건강이 매우 좋지 않은 남편의 부모도 참석했습니다. 그런데 놀랍게도 찬양 시간에 남편의 부모가 전신을 심하게 떨더니 아픈 몸이 치유받는 일이 생겼습니다. 성령님은 남편의 말을 듣자마자 바로 기적으로 응답하셨습니다. 정말 사도행전의 기적이 눈앞에서 펼쳐지는 것 같았습니다.

얼마 후 다시 M 지역을 방문했을 때 보지 않으면 믿을 수 없다던 남편이 전자 오르간으로 찬양 연습을 하고 있었습니다. 찬양 중에 능력으로 임하신 주님을 만났는데 더 깊이 만나기 위해 전자 오르간을 배우고 있다고 했습니다.

아내는 아예 식당을 정리하고 젊은이들에게 복음을 전하기 위해 대학교 근처에 교회를 개척했습니다. 아들에게도 대학을 졸업하면 Q 지역에서 일 년 동안은 오로지 복음 전파를 위해 시간을 드린 후 취직하도록 했습니다. 형제의 엄마는 복음으로 분명하게 변화되어 충성스러운 주님의 여종이 되었습니다.

하나님은 전도단을 통해 M 지역에서 S 지역으로 온 한 청년을 변화시키고 그의 가정이 깨어지지 않고 믿음의 가정이 되게 하셨습니다. 이 가정이 변화되고 M 지역에 교회가 개척된 것은 참으로 신묘막측한 하나님의 은혜입니다.

제20장

I 지역에서 공무원에게 복음을 선포하다

여러 전도팀 중 다니엘 목자 팀은 I대학을 개척했습니다. 18명이 월요일부터 토요일 저녁 7시까지 전도했는데 성경 공부에 응한 사람이 80명 정도 되었습니다. 6일 동안 전도한 후 토요일 저녁에 일일수련회를 열었습니다. 수련회를 통해 전도된 사람들의 믿음을 굳게 했습니다.

그런데 전도 기간에 한 제자가 하필 캠퍼스를 감시하던 사복 차림의 공무원에게 전도하고 말았습니다. 대화하는 중에 공무원은 대학원을 졸업해도 직장을 찾지 못하고 취업이 힘들어 삶이 너무 허무하다며 거짓으로 이야기했습니다. 그리고 토요일 밤에 있는 일일 수련회에 참석하고 싶다고 했습니다. 그래서 시간과 장소를 알려 주었습니다.

토요일 밤, 학교 교실을 빌려 찬양기도 모임을 시작했는데 갑자기 공무원 8명이 교수들과 학교 관리인을 데리고 나타나서 찬양기도 모임을 중단시켰습니다. 교수들은 집회에 참석한 학생들을 인솔해 가고 공무원은 전도팀 18명을 조사하기 시작했습니다. 제일 먼저 외국인이 있는지를 파악했습니다. 공무원은 18명을 옆으로, 일렬로 죽

세워놓고 양쪽 끝에서 한 명씩 불러 조사를 했습니다.

이번 전도단에는 한 명의 선교사가 같이 가서 찬양기도 모임을 인도했는데 그가 대륙인이 아닌 것이 드러나면서 문제가 커졌습니다. 그 선교사는 옆으로 늘어선 줄의 가운데에서 믿음이 어린 두 제자와 나란히 있었습니다.

제일 먼저 조사받은 사람은 미국 플로리다 대학원에 유학하고 있는 학생이었습니다. 그의 매형이 대학교수인데 크리스마스 휴가로 누나를 만나러 나왔다가 누나와 매형의 권유로 집회에 참석했다고 했습니다. 주로 미국에서 어떻게 생활하고 어떻게 공부하는지 말했습니다.

이런 식으로 조사를 받은 제자들은 모두 자기 신앙 간증을 하기 시작했습니다. 큰 꿈을 안고 대학에 진학했는데 대학은 온통 연애하고 컴퓨터 게임에 빠져 있어 너무 실망했는데 예수님을 만난 후 삶의 의미를 찾고 공부해야 할 이유를 발견하고 열심히 공부하여 장학금을 받아 부모님께 효도할 뿐 아니라 자기들처럼 방황하는 학생들을 돕는 게 무엇이 잘못인가 하고 자기 간증을 했습니다. 이렇게 간증을 길게 하자 하염없이 시간이 흘러갔습니다.

공무원들은 취조하는 것이 아니라 간증을 듣는 상황이 되어 버렸습니다. 결국, 새벽 3시가 넘어가자, 공무원들도 지쳤는지 선교사와 남은 두 명에게는 취조하지 않고 진술서만 쓰게 하고 마무리를 했습니다. 만약 가운데 있던 선교사를 자세히 조사했다면 바로 추방당했을 것입니다. 이처럼 하나님은 환난 가운데서도 복음의 일꾼들을 보호하시고 핍박하러 온 공무원들에게 복음을 전하도록 도우셨습니다.

이런 방식으로 전도단을 세워서 우리는 모두 20개 도시를 개척해서 제자를 세우게 되었습니다. 저는 개척 도시에 현지 리더를 세우고 나면 계속 다른 도시를 개척했습니다. 하나님께서는 전도단을 통해 20개 도시에 교회를 세우고 대륙인 목사, 전도사를 13명이나 세워주셨습니다. 그 교회들에서 또 다른 나라의 선교사를 35명이나 파송시켜 주셨습니다. 핍박과 두려움에 맞서 오히려 나가 전도했을 때 성령께서는 사도행전 회심의 역사를 대륙에 일으켜 주셨습니다.

제21장

D 지역 가정교회에 임한 은혜

대륙은 갈수록 종교탄압이 심해졌습니다. 전도를 금지하고 영적인 모임을 금지하는 것도 모자라 불도저로 교회 건물을 밀어 버리는 일도 있었습니다. 교회로 쓰려고 하면 공무원이 집주인에게 협박하여 아예 세를 내주지 못하도록 합니다. 교회 출입구에는 CCTV를 설치하여 출입자를 감시합니다. 공무원의 눈에 거슬리면 어떤 트집이든 잡아서 추방합니다.

아파트에서 모임을 하다가 주민들이 불법 집회가 있다고 신고하면 현장에서 추방되었습니다. 아파트는 고층 아파트가 있고 6, 7층의 서민 아파트가 있습니다. 고층 아파트는 방음이 비교적 잘되어 있어 가정교회로 사용하기에 안전한 편입니다. 그러나 임대료가 비싸 대부분 서민 아파트를 가정교회로 사용하고 있습니다.

안전을 위해 예배드릴 때 찬양은 될 수 있으면 작게 불렀습니다. 그러나 찬양하다 보면 소리가 잘 통제되지 않았습니다. 서민 아파트에서 큰 목소리로 찬양하면 100미터 밖까지 찬송가 소리가 들렸습니다.

우리가 개척한 D 지역의 한 가정교회에서 일어난 일입니다. 예배를 드리는데 아파트 주민이 공무원에게 신고해서 공무원과 주민 센타 요원과 종교국 직원 13명이 예배 현장을 덮쳤습니다.

그리고는 물었습니다.

지금 이곳에 외국인이 있는가?
자금은 어디서 나오는가?
소속이 어딘가?
어느 직장에 다니는가?

이렇게 모두 47명이 조사를 받았는데 다들 자기 간증을 했습니다.

기대를 갖고 대학에 진학했지만, 연애나 컴퓨터 게임에 빠져 방황하다가 예수님을 만나 삶의 의미를 발견해 열심히 공부하여 장학금을 받았다. 과거 나처럼 방황하는 젊은이들을 올바른 길로 인도하는 것이 무슨 잘못입니까? 공무원의 자녀들도 마찬가지일 겁니다.

그러자 공무원들도 맞다고 하며 너희들이 좋은 일을 하고 있다고 인정하기도 했습니다. 그런데 조사받은 47명 중의 15명이 SD대학 전기과 학생이었습니다. 이 일로 SD대학은 큰 충격을 받고 부총장이 직접 월요일마다 15명을 특별 지도했습니다. 제자들은 학교에서 조사를 나올 줄 알고 주일에는 흩어져 소수로 모여 예배를 드렸습니다.

학교 부총장은 이들에게 공무원이 인정하는 교회에 다니도록 설득했습니다. 그러자 한 제자가 자기가 예수님을 만난 이야기를 간증했습니다. 그에게는 2년 전 대학에 진학한 형이 있었습니다. 형은 대학에서 매일 연애와 컴퓨터 게임에 몰입했습니다. 방학 때 집에 돌아와서도 밤새도록 컴퓨터 게임만 했습니다.

그러던 어느 날, 어머니가 시장에 가서 채소를 팔려고 형에게 시장까지 태워 달라고 했습니다. 새벽 5시, 아직 어둑어둑한 시간에 형은 경운기에 어머니를 태우고 시장으로 갔습니다. 그런데 가는 도중, 길에 패인 구덩이에 바퀴가 걸려 덜컹거리는 바람에 어머니가 그만 땅으로 떨어졌습니다. 하필 그때 옆으로 트럭이 지나는 바람에 어머니가 돌아가시게 되었습니다.

이 사고로 동생은 형을 용서하지 못하고 슬픔과 분노에 빠져 공부도 할 수 없게 되었습니다. 주님께서 이런 그를 만나 주셨습니다. 십자가 보혈로 모든 죄를 씻어 주셨습니다. 어머니를 잃은 슬픔을 이기도록 도우셨습니다.

그는 부총장에게 말했습니다.

"저는 예수님을 만나게 되면서 형을 용서하게 되었고 다시 공부도 열심히 하게 되었습니다."

부총장은 할 말이 없었습니다. 이렇게 D 교회는 복음의 능력 안에서 굳건하게 세워지기 시작했습니다. D 지역은 한 형제의 변화로 복음 역사가 활발히 일어나 나중에 200명이 넘는 제자가 세워지게 됩니다.

제22장

무슬림 지역에 복음을 전하다

2010년에는 아프리카와 이란 테헤란까지 무슬림 선교사를 파송하게 되었습니다. 그 무렵, 항공대학을 졸업한 부부가 있었습니다. 그들은 국가에서 지정한 대로 고향으로 내려가 아내는 영어 교사로, 남편은 일반 직장인으로 일하게 되었습니다. 그러나 그들은 그 삶에 만족할 수 없었습니다.

아내는 T 지역으로 돌아가 T대학교 대학원을 졸업하고 교수로 일하고 싶다는 꿈이 있었고, 남편은 외국계 기업에 들어가 큰돈을 벌고 싶다는 꿈을 품고 있었습니다. 결국 두 사람은 다시 T 지역으로 돌아와 각자의 꿈을 실현했습니다. 아내는 대학원에 입학했고, 남편은 외국 회사에 취직했습니다.

하지만 남편이 회사에서 다른 여성을 만나게 되었고, 그 여성은 그가 유부남이며 아이가 있다는 사실을 알면서도, 남편의 조건에 탐을 내 유혹하여 동거를 하게 되었습니다. 아내는 처음 우리가 전도했을 때 별다른 관심을 보이지 않았습니다. 그러나 남편의 외도로 이혼을 당하면서 마음이 무너졌고 성경을 공부하고 싶다는 마음을 갖게 되었습니다.

이혼당한 날 자매와 어린 딸을 우리 집으로 초대해 식사를 했습니다. 그런데 그 어린 딸이 식사 후 먹은 음식을 모두 토해낸 모습이 지금도 기억에 남습니다. 아직 어린아이였지만, '가정이 깨어진 아픔을 고스란히 느끼고 있었던 것이 아닌가' 하는 생각에 지금도 마음이 아픕니다. 우리 공동체는 이혼당한 자매와 딸을 6년 동안 말씀과 사랑으로 섬겼습니다.

그런데 6년이 지난 어느 날, 전 남편이 동거하던 여자와 헤어지고 이 자매에게 돌아왔습니다. 남편은 자기가 버린 아내와 딸을 교회에서 섬겨준 것에 감사하며 크리스마스 때 많은 선물을 보내왔습니다.

그는 교회에서 이슬람 선교를 위해 기도하는 것을 알고, 2년간 테헤란 지사 근무를 자청했습니다. 그리고 무슬림 선교를 위해 기도하던 제자 한 사람을 더 초청하여 함께 테헤란에서 이슬람들을 섬기게 되었습니다. 그 가정은 2년을 테헤란에서 근무하고 귀국했습니다. 테헤란에 함께 갔던 제자는 귀국 후, 대륙 내 무슬림 지역을 향한 깊은 목자의 심정을 품게 되었습니다. 이 제자가 디모데 목자입니다.

디모데 목자는 예수님을 만나기 전에 탕자처럼 술과 도박에 빠져 깡패와 같은 삶을 살았습니다. 그런 그가 우리 공동체에서 먼저 예수님을 만나고 기쁨이 충만하던 여동생 '왕린'를 통해 전도를 받게 되었습니다. 성경 공부를 하면서 예수님의 십자가 사랑이 그에게 임했을 때 완전히 변하여 거룩한 새 삶을 살게 되었습니다. 술과 도박을 끊고 주께 받은 새생명을 무슬림 구원에 드리고자 소원했습니다.

그래서 디모데 목자는 앞에서 말한 부부와 함께 이란에 파송되었고, 2009년까지 이란에 있으면서 무슬림과 좋은 친구가 되어 주께 인도함으로 믿음의 영향력을 끼쳤습니다. 그 후 대륙에 돌아와서 아름다운 믿음의 가정을 이루고 2009년, 아내와 함께 이슬람 지역으로 파송되었습니다.

디모데 목자 가정은 지난 13년간 이슬람 지역에 머물며 세 자녀를 믿음으로 양육하면서 가정에 무슬림 형제자매들을 초청하여 좋은 친구로 삼았습니다. 복음에 관심 있는 친구들과 성경 공부로 꾸준히 섬기고 있습니다. 이들 중에서 예수님을 구주로 영접한 자들도 나오고 있습니다. 무슬림 지역의 특수성 때문에 겉으로 드러내지는 않지만, 마음에 이미 예수님이 계시는 놀라운 역사가 계속되고 있습니다.

이슬람을 전통적으로 믿는 민족이 모여 사는 대륙의 지역 중 한 곳에서 우리가 이슬람 선교를 위해 기도하고 있을 때 대륙 한인 선교회 회장인 성 사장님에게서 연락이 왔습니다. 성 사장님은 미국 LA 한인교회에서 대륙 이슬람 민족 선교를 위해 이 이슬람 지역에 100명을 가르칠 수 있는 직업 학교를 세울 예정이므로 그들을 섬길 수 있는 사감이 있으면 추천해 달라고 했습니다. 조건은 예수님의 제자이며 부부이면 좋겠고 영어와 컴퓨터를 가르칠 수 있으면 좋겠다고 했습니다. 시 정부에서 이미 허가가 떨어져 구체적인 준비를 하고 있다고 했습니다.

우리는 이슬람 선교 비전을 품고 있던 안드레 목자 가정을 추천하고, 파송을 준비하고 있었습니다. 그런데 이슬람 지역 정부에서 이 직업 학교 개설 건을 꼼꼼히 조사하고 미국 교회에서 추진한다는 것을 알아내고는 허가를 취소해 버렸습니다. 대륙은 소수민족의 자율권은 보장하지만, 독립 움직임에 대해서는 매우 단호한 입장이었습니다.

이 이슬람 민족은 문화와 역사와 언어가 다르고 종교도 이슬람이었기 때문에 항상 독립에 대한 열망이 있었습니다. 그래서 건국 이후 이 이슬람 민족 자치구에 대한 대륙 정부의 정책은 매우 강력했습니다. 민족성을 약화시키기 위해 다양한 민족을 이 자치구로 이주시켰고, 최근에는 이슬람 민족을 대상으로 한 강제 수용 문제가 전 세계에 인권 문제로 관심을 끌기도 했습니다. 그런 맥락이 있었기 때문에 이슬람 지역에서 미국 교회의 자금으로 직업 학교를 여는 계획은 대륙 정부의 감시망을 벗어나기 어려웠습니다.

결국, 우리는 이슬람 지역에서 떨어진 이 자치구 한 도시에 카자흐족을 위한 직업 학교를 세우기로 계획을 변경했습니다. 그래서 교육국과 한 도시 시 정부에 허가를 받았습니다. 그런데 한국의 통일교와 구원파가 이 오지까지 자기들의 교회를 지어 놓았습니다. 그리고 일 년 이상 장기 출석한 사람들에게 당시 노동자 몇 달 치 월급을 지급한 일로 그곳 사회에 문제가 되어 있었습니다. 이로 인해 한국 종교 단체에 대한 부정적인 인식이 생겼고, 마침 우리가 또 카자흐족 직업 학교를 짓는다는 것에 부담을 느낀 정부가 이번에도 허가를 취소해 버렸습니다.

일이 이렇게 진행되는지 몰랐던 제자는 돼지고기를 매우 좋아하지만, 무슬림 선교를 위해 돼지고기 먹는 것을 포기하고 함께 공동생활을 하기로 한 학생을 기다렸습니다. 이슬람 관행대로 집안의 모든 식기를 부정한 음식이 닿지 않은 새것으로 교체했을 뿐만 아니라 자기의 장(臟) 청소까지 하고 공동생활을 할 카자흐족 형제를 기다렸습니다. 그런데 오기로 한 날짜가 지나도 오지 않아서 카자흐족 교장을 찾아갔더니 공동생활을 할 수 없다고 했습니다. 이처럼 대륙에서 무슬림 선교, 소수민족 선교는 보이지 않는 장벽과 끊임없이 부딪쳐야 하는 고난의 길입니다.

제자 부부는 이에 굴하지 않고 카자흐족 개척을 위해 끊임없이 도전했습니다. 결국, 공동생활은 할 수 없었지만, 믿음으로 한 도시에 머물며 카자흐족 두 사람을 일대일로 섬겼습니다. 일대일 제자 양성은 핍박의 땅을 구원할 뿐만 아니라 무슬림까지 구원하는 놀라운 능력이 있습니다.

카자흐족 선교에 조금씩 뿌리를 내리고 있을 때입니다. 이 선교사 부부에게 개인적으로 후원을 하고 있던 한 미국 교포 선교사가 있었습니다. 한동안 자신의 경제적 사정 때문에 선교 지원을 하지 못했습니다. 그러다 경제적으로 회복되자 본인 이름으로 그동안 밀린 선교헌금을 선교사 통장에 한꺼번에 송금하는 실수를 하고 말았습니다.

이 때문에 선교사 부부는 큰 어려움을 겪게 되었습니다. 미국에서 대륙인에게 큰돈을 송금한 것이 드러나 공무원의 추적을 받게 된 것입니다. 결국, 목자 가정은 매일같이 찾아오는 공무원의 시달림을 받다가 철수하게 되었습니다. 이처럼 대륙 내에서, 그것도 무슬림 선교는 이중 삼중의 어려움이 있는 위험한 사역입니다. 하나님께서 때가 되면 다시 무슬림 지역을 여시고 그들에게도 생명의 복음을 전하게 하실 것입니다.

제5부
성장에서 성숙으로(T 지역을 떠나다)

제23장 신학교육과 대륙인 목회자 양성

제24장 T 지역을 떠나 D 지역으로

제25장 D 지역에서 다시 E 지역으로

제23장

신학교육과 대륙인 목회자 양성

대륙 선교가 자리를 잡으면서 많은 대륙 제자가 가정교회를 이루었습니다. 그들은 자기 가정을 열어 또 다른 제자들을 품었습니다. 시간이 흐를수록 대륙의 경제적·사회적 변화 속도는 더욱 빨라졌고, 우리 공동체의 규모나 새로 유입되는 제자들의 성장 배경도 초기와는 많이 달라졌습니다. 그래서 과거 선교 단체에서 훈련받았던 내용보다 더 깊이 있고 체계적인 성경 지식과 전문적인 목회학, 선교학이 필요하다는 것을 느꼈습니다.

리더 제자들 역시 성장에 대한 목마름이 있었습니다. 그래서 예수님을 영접하고 제자의 삶을 산 지 10년에서 길게는 20년 가까이 되는 제자들을 중심으로 신학 교육을 시작했습니다.

하지만 우리 스스로는 교육하기가 어려웠습니다. 우리 사정을 들은 미국 버지니아에 있는 신학대학교 원장이신 토마스 리 박사님이 대륙에 직접 오셔서 7년간 강의를 해 주셨습니다. 7년간 모든 과정을 마친 우리 부부를 포함한 선교사 네 명, 대륙 제자 세 명이 목회학 석사(M.Div) 과정을 마치게 되었습니다. 이로서 첫 대륙 노회가 만들어졌습니다.

2009년, T 지역 Y 교회의 요한 목사, 베드로 목사, T 지역 K교회의 어거스틴 목사가 세움을 받아 대륙 첫 공개 교회가 세워졌습니다.

이후 D교회는 예레미야, 시아오캉, 데이비드, 바울, 리비 등의 제자가 주변 국가의 신학대학원에서 3년간 비밀리에 교육해 주어서 신학 과정을 무사히 마쳤습니다. 또 하이리, 시아오시웅 부부는 미국 고든코넬신학대학원에 입학했습니다. 전다니엘 선교사와 T대학교수 마리아 목자 부부는 미국 서든뱁티스트신학대학원 박사 과정을 졸업하고 우크라이나 선교사로 파송되었습니다.

우리 부부는 대륙 F 지역에 있던 선교사들을 위한 코헨신학대학원에서 다시 6년간 신학 박사 과정을 마쳤습니다. 아내도 이때 목사 안수를 받았습니다.

이로써 청년 학생들을 열정과 믿음, 공동생활로 섬기던 초기 공동체가 더 체계적이고 보편적인 성경 지식과 교회 시스템을 갖추게 되었습니다. 장기적으로 대륙과 다른 나라를 섬길 수 있는 틀을 갖추게 된 것입니다. 하나님께서는 신학 교육과 목회자를 세우게 하시므로 우리 신앙을 더 단단한 반석 위에 세워 주셨습니다.

제24장

T 지역을 떠나 D 지역으로

이제 T 지역은 400명에 가까운 제자가 하나님을 찬양하는 놀라운 열매를 맺게 되었습니다. 그러자 저는 대륙의 제자들에게 모든 리더십을 맡겨야겠다고 결심했습니다. 자칫하면 제가 T 지역에서 하나님이 이루신 열매를 즐기며 하나님의 영광을 가로챌 수도 있기 때문이었습니다. 무엇보다도 대륙 선교는 대륙 사람이 가장 잘할 수 있다고 믿었습니다.

그래서 저는 T 지역을 떠나 당시 성령의 역사가 활발히 일어나기 시작한 D 지역으로 내려오게 되었습니다. A 지역을 떠나 T 지역으로 갔던 젊은 시절 나의 결단을 축복하시고 하나님은 많은 복음의 열매를 맺게 하셨습니다. 그러나 그 열매에 도취되어 T 지역에 눌러앉지 않게 하시고 성령이 이끄시는 대로 D 지역으로 가는 개척자의 삶을 살게 하셨습니다.

그러나 D 지역은 T 지역에서 전임 사역자를 파송해서 세운 교회가 아니었습니다. T 지역 전도단이 D 지역 전도 여행 중에 만나 변화된 데이비드 목자 한 사람이 중심이 되어 세워진 교회입니다. 성령께서는 데이비드 목자의 결단과 헌신을 축복하시고 단시간에 200명이나 되는 제자들을 복음으로 변화시켜 주셨습니다.

이후 D 지역 선교는 우리를 포함한 8명의 전임 사역자의 헌신으로 강력한 일대일 성경 공부와 전도, 공동생활을 통해 5년이라는 짧은 시간에 네 개의 교회가 세워지게 되었습니다. D 지역 교회는 모두 젊은 청년으로 구성되었고 이후 신앙 안에서 결혼을 통해 열두 가정이나 태어났습니다.

D 지역 교회는 역사가 짧고 신앙 연륜이 적은 제자들이라서 열정은 넘쳤지만, 자칫하면 미성숙함으로 인한 문제가 생길 수 있었습니다. 하나님은 이런 D 지역에 우리 부부를 보내시고 그들의 부족한 부분을 보완하게 하셨습니다.

E 지역은 D 지역에서 전도팀을 파송하여 개척되었습니다. E 지역은 그동안 여러 전도팀을 파송하여 개척했지만, 교회를 세우기가 쉽지 않았습니다. E시는 기업이 많지 않아 졸업생들이 직장을 구하기 어려웠고, 결국 대학을 졸업한 후 대부분의 제자가 지역을 떠났기 때문입니다. 하지만 오랜 기도 끝에 아브라함 형제가 졸업 후 E 지역에 남는 첫 제자가 되었습니다. 아브라함 형제의 결단으로 거듭난 제자들이 모이기 시작했고 E 지역은 두 가정이나 가정교회를 세울 만큼 성장했습니다.

또 우리는 D 지역을 중심으로 여러 타지역, 특히 F 지역과 G 지역 개척 역사에도 힘껏 참여하여 아름다운 연합 사역을 감당했습니다. 다윗 선생이 돕고 있는 F 지역과 G 지역의 제자들이 D 지역에 와서 훈련받기도 하고 D 지역 제자들이 F 지역과 G 지역으로 내려가 전도하여 힘을 보태기도 했습니다. 자세한 이야기는 별첨 2의 "다윗 선생의 간증-아름다운 연합 사역으로 이루어진 F·G 제자 양성"을 읽어보시면 생생히 알 수 있습니다.

제25장

D 지역에서 다시 E 지역으로

우리는 그동안 대륙 J 지역에서 장신구 공장을 하는 친동생을 통해 비자를 연장해 왔습니다. 그러나 동생이 공장을 처분하고 귀국한 데다 우리 부부는 나이가 많아 취업 연령 제한에 걸리게 되었습니다. 이제 D 지역에서는 더 이상 비자를 받기 어려워졌습니다. 그래서 우리는 한국인에게 비자를 잘 발급해 주는 E 지역으로 사역지를 옮기게 되었습니다.

E 지역은 한국의 자동차 회사를 비롯해 한국 기업이 많이 진출해 있는 도시라서 한국인에 대한 경계심이 비교적 적었습니다. 주님은 오히려 비자 문제를 통해 E 지역을 개척하게 하셨습니다. E 지역은 상대적으로 작은 도시라 그동안 많은 분이 선교를 했지만, 졸업 후 대부분 큰 도시로 직장을 얻어 떠나 버려 남는 제자가 없었습니다.

그러나 하나님은 E 지역에서 아브라함 형제를 인도해 주시고 헛된 염려와 정욕에서 구원하셨습니다. 아브라함 형제가 마태복음 6장 33절 "먼저 그의 나라와 의를 구하라"는 말씀을 믿고 E대학 대학원에 입학하면서 드디어 E 지역에 남는 첫 제자가 되었습니다. D 지역에서 훈련받은 한 자매가 신앙 안에서 아브라함 형제와 결혼했습니다. 드디어 E 지역의 첫 가정교회가 태어났습니다.

  E 지역의 다니엘 형제는 참 자유를 갈망하며 자전거 여행과 사진 촬영을 통해 인생의 만족을 찾았으나 더욱 목마를 수밖에 없었습니다. 그러나 성경 공부를 하며 과거에 지은 정욕 죄와 비싼 카메라를 사기 위해 신용카드로 빚을 진 무절제한 삶을 회개하고 제자의 삶을 살게 되었습니다. 신앙안에서 가정을 이루길 원했던 다니엘 형제는 결혼을 위해 기도했습니다.

  하지만 당시 E 지역에는 제자로 살려는 자매가 없었습니다. 그의 기도 제목이 T교회에 있던 손 자매의 마음을 움직였습니다. 손 자매는 다니엘 형제와 교제한 후 제자의 가정을 이루고자 마음을 굳혔습니다. 손 자매는 창세기 12장 2, 3절 말씀을 붙들고 E 지역으로 시집을 왔습니다. 참으로 하나님을 사랑하고 신앙 안에서 가정을 이루는 것을 소중히 여기는 믿음의 자매입니다. 아브라함과 다니엘 두 가정은 다윗과 요나단처럼 뜨겁게 사랑하며 E교회를 세우게 되었습니다. 주께서 이 귀한 믿음의 용사들을 축복하시고 이들을 통해 E 지역과 대륙에 놀라운 믿음의 역사를 이어가실 줄 믿습니다.

  하나님께서 제가 안정된 T 지역에 머무르지 않고 D 지역과 E 지역까지 옮겨 다니며 머물게 하시므로 계속해서 개척자요 나그네의 삶을 살게 하신 것을 감사합니다. 시간이 흘러 대륙 어디에서도 취업 비자를 받을 수 없는 나이가 된 지금은 또 다른 동남아 개척의 비전을 주십니다. 그러나 나의 소망은 오직 하늘나라에 있음을 고백합니다. 이 땅에 소망을 두지 않고 복음 전도자요 제자 양성가의 사명을 부름을 받기까지 감당하며 예수님에게까지 자라기를 소원합니다.

제6부

대륙 선교를 돌아보며
(선교 방법과 감사의 말씀)

제26장 우리의 선교 방법

- 일대일 성경 공부
- 전도단을 통한 지역 교회 개척
- 공동생활을 통한 제자 양육으로 세워진 가정교회
- 부모에게 물려 받은 선교 바톤으로 더 강력해진 2세 선교사

제27장 최고의 배필, 아내에게

제28장 나의 고백과 기도

제26장

우리의 선교 방법

- 일대일 성경 공부
- 전도단을 통한 지역 교회 개척
- 공동생활을 통한 제자 양육으로 세워진 가정교회
- 자녀들에게 넘겨준 선교 바톤으로 더 강력해진 2세 선교사

지난 33년을 돌아보면 황무지와 같은 대륙 땅에서 어떻게 우리를 통해 많은 제자와 교회들을 세워 주셨는지 그저 감사할 뿐입니다. 성령께서 보호하시고 감춰 주신 은혜가 없었다면 언제라도 추방되고 깨어질 위기가 수도 없이 많았습니다. 이 시간 은혜 속에서 사람의 지혜와 능력을 쓰시는 하나님을 생각하며 현재도 대륙 선교를 하고 계시거나 대륙 선교를 위해 기도하고 계시는 분들을 위해 우리의 선교 방법을 나누고자 합니다.

첫 번째 : 일대일 성경 공부

우리는 체계적인 일대일 성경 공부로 제자들을 교육했습니다. 일대일 성경 공부는 가르치는 사람과 배우는 사람이 말씀을 중심으로 인격적인 나눔이 가능했습니다.

선배 제자가 자신이 어떻게 예수님을 만났는지 간증하고 아직 믿음이 어린 사람들이 예수님을 인격적으로 만날 때까지 끊임없이 대화하고 적절한 성경 말씀으로 도왔습니다. 그러면 말씀이 그의 마음에 깊이 새겨졌습니다. 살아 있는 말씀이 그의 영혼을 찌르고 예수님을 믿고 치유되게 하셨습니다. 그들을 짓누르던 죄와 인생의 짐에서 해방되어 자유를 누렸습니다.

이렇게 예수님을 만나면 "와 보라" 한 제자들처럼 다른 사람에게도 예수님을 소개하고 싶어집니다. 그렇게 캠퍼스로 나가 또 다른 영혼에 자신이 배웠던 것처럼 일대일로 성경을 가르쳤습니다.

일대일 성경 공부는 전도가 금지된 대륙에서 은밀하면서도 깊이 있게 성경을 가르칠 수 있는 최고의 방법이었습니다. 캠퍼스에서 둘이 앉아 성경을 공부해도 누가 보아도 대화하고 있는 것처럼 보이기 때문에 의심을 사지 않았습니다.

성령이 폭발적으로 역사하여 일대일 성경 공부로 한 사람이 두 사람이 되고, 두 사람이 네 사람이 되고, 네 사람이 여덟 사람이 되는 식으로 제자의 수가 배가 되어 갔습니다. 일대일 성경 공부로 각 제자는 예수님을 피상적이 아닌 매우 인격적으로 만났습니다.

두 번째 : 전도단을 통한 지역 교회 개척

지방 도시를 개척하기 위해 T 지역의 형제자매들이 전도단을 이루어 여름, 겨울 방학과 노동절 주간과 국경일 국가 공휴일을 이용하여 지방으로 갔습니다. 지방에서 복음의 능력을 체험한 제자들이 힘을 얻고 돌아와 T 지역에서도 힘차게 전도해서 동시에 부흥하는 이중효과를 얻었습니다.

한 도시를 개척하면 그 도시에서 변화된 제자 중 리더의 자질이 있는 사람을 집중적으로 교육했습니다. 그를 일 년에 세 번 정도 T 지역으로 초청하여 T 지역 제자들과 함께 공동생활을 하며 더 깊이 가르쳤습니다. 그렇게 해서 지방 개척 교회를 튼튼히 세워 나갔습니다.

지방을 개척했는데 적절한 리더가 없으면 T 지역에서 신뢰할 만한 제자를 파송해서 지역 교회를 세웠습니다. F 지역과 G 지역의 교회도 이런 방식으로 세워진 교회입니다. 경우에 따라 지역교회 리더를 T 지역으로 또 D 지역으로 초청하여 반년이나 일 년씩 함께 훈련하며 단단하게 한 후 재파송하기도 했습니다.

이렇게 T대학, B대학 중심으로 시작된 제자 양성은 500명을 넘어섰습니다. T 지역에는 Y교회와 K교회가 세워졌습니다. 지역에는 D 교회, E교회, 타이안 교회가 세워졌습니다. 그 외에도 I 지역, M 지역, F 지역, G 지역, O 지역, 란조, 이슬람 지역까지 교회가 개척되었습니다.

세 번째 : 공동생활을 통한 제자 양육으로 세워진 가정교회

　무엇보다 대륙 선교의 시작은 우리 가정을 완전히 개방하여 주님이 주신 넓은 셋집(T 지역의 마가 다락방)에서 공동생활을 하는 도중에 제자 양육의 기초를 놓은 것입니다. 함께 먹고 마시며 고민을 이야기하고 말씀으로 은혜를 나누는 모든 과정이 제자로 성장하는 시간이었습니다. 예수님이 공생애 3년 동안 제자들과 함께 공동생활한 것과 같습니다.

　공동생활을 통해 은혜받고, 훈련받아 대륙 선교 사명을 영접한 제자들은 자신들도 믿음 안에서 가정을 이루고 싶어 했습니다. 공동체 안의 형제자매들은 양육 받은 환경과 사명이 같았고 서로를 잘 알고 있었기 때문에 결혼 후에도 큰 어려움 없이 부부로 하나가 되었습니다. 서로 생각과 뜻이 같으니 부부 사이도 대부분 좋았습니다.

　그들은 가정을 이룬 후 우리 부부가 했던 것처럼 자기 가정에 어린 제자들을 품기 시작했습니다. 맛있는 밥을 해서 먹이고, 이야기도 들어주고, 말씀도 주면서 선배로서 때로는 부모처럼 그들을 보살폈습니다. 대부분 고향에서 멀리 떨어져 나와 외롭고 힘들었던 제자들은 선배 제자 가정의 실제적인 섬김과 사랑으로 많은 위로와 쉼을 누렸습니다. 그 섬김 속에서 이것이 예수님의 사랑이라는 것을 느꼈습니다.

　첫 대륙 제자인 요한, 리브가 가정과 우리 가정의 아름다운 모습을 보고 자란 학생 제자들은 자신의 눈에 아름다워 보이는 사람을 찾기보다 하나님을 사랑하는 동반자를 얻기를 간절히 기도했습니다. 하나님은 제자들의 기도를 축복하시고 서로 깊이 사랑하고 잘 어울리는 제자 가정을 많이 세워 주셨습니다.

제가 또 다른 동남아로 나올 때까지 T 지역에서 서른 가정, D 지역에서 열두 가정, E 지역에서 두 가정이 믿음 안에서 가정교회를 이루었습니다. 지금도 이들은 충성스럽게 가정교회를 이루고 대륙 영혼들과 아프리카, 헝가리, 스페인, 미국과 싱가포르, 일본에 이르기까지 각자 파송된 선교지에서 그곳 영혼들을 섬기고 있습니다. 가정교회를 중심으로 한 사랑의 공동체야말로 폭발적인 대륙 선교 역사를 이룰 수 있었던 가장 큰 비결이라 할 수 있습니다.

네 번째: 자녀들에게 넘겨 준 선교 바톤으로 더 강력해진 2세 선교사

대륙 선교를 시작하면서 무엇보다 가슴 아팠던 것은 초창기에 가족과 떨어져 지내야 했던 점입니다. 대륙과 한국을 오가며 여섯 차례의 도전 끝에 대륙 A 지역에 장기 체류의 길이 드디어 열렸습니다.

아버지로서 자녀들과 함께하지 못한 시간이 길었지만, 하나님은 이 기간에 신앙심이 깊은 장모님을 선교 동역자로 세워 주셨습니다. 장모님은 아버지의 빈자리를 사랑으로 채워 주셨습니다. 외할머니의 사랑을 듬뿍 받아 밝고 건강하게 자란 자녀들은 훗날 대륙에 왔을 때 낯선 대륙 제자들과 스스럼없이 어울렸습니다.

사역 초기부터 오픈된 가정교회로 사역했기에 처음부터 자녀들과 제자들을 구별하지 않고 공동생활을 했습니다. 이들은 똑같이 성경 공부를 하고 제자 훈련을 받으며 함께 성장했습니다.

또한, 자녀들은 제자 양성의 중점 사역인 모든 수련회에 참석하여 하나님이 어떻게 한 사람 한 사람을 죄에서 구원하시고 진리의 길로 인도하시는지 보았고, 대륙의 하나님을 경험했습니다.

갑작스러운 이사로 인해 수없이 거처를 옮겨야 다녔고, 언제나 시끌벅적한 환경 속에서 자랐습니다. 그러나 자녀들은 한번도 원망하거나 불평하지 않았습니다. 모든 것을 긍정적으로 바라보고 기쁘게 감당하는 법을 배워가게 되었습니다.

이 가운데 한 아이는 어떤 환경에서도 놀라운 집중력으로 학업에 충실했고, 다른 자녀들은 어떤 사람과도 어울리는 친화력을 갖게 되었습니다. 환경의 영향을 받지 않고 늘 재미있게 지내고, 신나는 학교생활과 신앙생활을 했습니다. 지금 돌아보면 이렇게 자녀들을 양육할 수 있었던 것이 참으로 감사한 일입니다.

많은 시련 속에서 부모의 하나님을 목격했고, 자신과 함께하시는 임마누엘의 하나님을 인격적으로 만나게 되었습니다. 그리고 부모처럼 열방을 섬기는 선교사가 되길 원했고, 그렇게 살고 있습니다. 이들은 언어와 문화의 장벽이 높았던 우리와는 달리 대륙인과 같은 언어와 문화 관습 등이 장착되어 부모보다 더 힘 있고 효과적인 2세 선교사로 쓰임 받게 되었습니다.

과학자이자 선교사로 섬기고 있는 자녀, 동남아 등지에서 복음으로 섬기고 있는 자녀, 또 영어영문학과를 나와서 잘 나가는 학원 교사로 살 수 있었지만, 그보다는 향유 옥합을 깨뜨려 다 쏟아부은 마리아처럼 하나님 나라를 위해 헌신된 삶을 택하여 기쁨으로 선교의 길을 가게 된 자녀까지 모든 자녀가 선교의 귀한 일꾼으로 일 세대보다 더 크게 쓰임 받게 되길 기도합니다.

제27장

최고의 배필, 아내에게

우리 사역은 가정을 완전히 개방하고 많은 사람을 초청하고 섬겼습니다. 그 때문에 아내는 대부분의 시간을 주방에서 음식을 만들고 청소하고 이것저것 잔일을 하느라 육체적으로 힘들었습니다. 그러나 언제나 기쁜 마음으로 감당했습니다.

그뿐만 아니라 항상 부족한 남편을 신뢰하고 마음 깊이 존경하고 따라 주어서 공동생활을 통한 제자 양성에 어려움이 없게 하셨습니다. 서로 존중하고 사랑하는 우리 가정을 보면서 화목한 가정의 사랑에 목말랐던 대륙의 형제자매들이 많은 은혜를 받았습니다.

또한, 아내는 좋은 성경 선생입니다. 아내와 일대일 말씀 공부를 통해 많은 형제자매가 예수님을 만나고 제자로 굳게 설 수 있었습니다. 무엇보다 영혼에 대한 깊은 사랑과 끝까지 포기하지 않는 사랑으로 많은 어려운 형제자매를 도와주었습니다.

아내는 구원과 부르심의 은혜가 매우 분명한 사람입니다. 그래서 어떤 고난을 만나도 요동하지 않고 평정심을 유지했습니다. 이런 아내의 태도는 제가 한 치 앞도 알 수 없는 대륙 사역을 거침없이 이어 갈 수 있었던 큰 힘이 되었습니다. 아무리 힘들어도 아내를 보면 백

만대군을 얻은 것처럼 든든했습니다. 결혼하고 지금까지 제가 주님이 맡기신 대륙 선교의 길을 포기하지 않고 걸어갈 수 있도록 묵묵히 도와주고 격려해 준 나의 아내에게 너무나 감사드립니다.

지혜로운 여인은 자기 집을 세우되...(잠 14:1).

제28장

나의 고백과 기도

    지난 33년 동안 선교 일선에서 빗발치는 사단의 공격 속에 내외적으로 많은 고난이 있었습니다. 혹시 신분이 드러나지는 않을까, 혹시 주목을 받지는 않을까 조마조마한 마음으로 하루하루를 보냈습니다. 선교가 금지된 상황에서의 안전 문제, 경제적인 어려움, 건강 문제 등으로 인해 불안하고 고립된 삶이 이어졌습니다. 우리는 감시를 피해 수없이 이사를 다녀야 했고, 비자 연장을 앞두고는 늘 긴장했습니다.
    하지만 겉으로 보이는 모습은 언제 추방되어도 이상하지 않을 만큼 이렇게 불안했지만, 내적으로는 예수님 안에서 한 영혼 한 영혼이 구원받고 행복해지는 것을 보는 기쁨으로 가득했습니다. 그들을 도우며 잃어버린 양을 찾은 목자의 마음처럼 기뻐할 수 있었습니다.
    매일 주님을 만나고 동행하며 살아 역사하는 말씀을 경험하는 기쁨과 은혜로 가득 찬 삶을 살았습니다. 그래서 날마다 더 간절하게 주님만을 바라보고 더 나은 본향을 사모하게 되었습니다. 주님께 받은 한 가지 은혜의 복음을 전하기 위해 모든 것을 내려놓고 달려가게 하셨습니다.

예수님이 머리 둘 곳 없이 사셨던 것처럼, 하나님은 33년 동안 우리를 대륙 땅의 거룩한 나그네로 연단하셨습니다. 많은 고난을 겪으며 이 땅에 안주하기보다 하늘의 산 소망을 가지고 주님이 원하시면 어디든지 어떻게든지 쓰임 받을 수 있도록 '자기를 내려놓는 삶'을 살게 하셨습니다.

주님은 그동안 우리가 안전을 위해서 모든 것을 포기한 삶을 아십니다. 그렇기에 주님은 기적적으로 우리를 안전하게 지켜 주셨습니다. 33년 동안 수백 명의 제자와 여러 교회를 세우면서도 추방되지 않고 끝까지 선교사의 삶을 살게 하신 것은 생명 싸개로 덮으신 주님의 은혜 외에는 달리 설명할 길이 없습니다.

주님은 물질적인 어려움이 있으면 만나를 먹이듯 한국의 많은 교회와 성도의 도움으로 우리가 수고하지 않은 떡을 먹게 하셨습니다. 여유가 없지만 믿음으로 장막을 넓히면 물질을 채워 주셨습니다. 그래서 우리 부부는 한 번도 경제적인 어려움으로 다투거나 인상을 찌푸리지 않았습니다. 하나님은 장래에 대한 두려움과 염려를 믿음으로 맡기게 하셨습니다. 끝까지 먼저 그의 나라와 의를 구하며 살도록 하셨습니다.

현재 우리 부부의 현실은 겉으로 보면 어렵게 보일 수도 있습니다. 이제 더 이상 대륙에 체류할 수 없는 나이가 되어, 또 다른 동남아 지역으로 나오게 되었고, 저의 파킨슨과 아내의 목 디스크로 건강은 조금씩 나빠지고 있습니다. 그러나 육신은 쇠할지라도 믿음의 삶은 갈수록 생동감 있고 열정이 넘치는 신나는 삶입니다. 우리가 가진 것은 현실적인 보장이 아니라 복음의 능력과 제자 양성의 은사뿐입니다.

주님은 제게는 지혜와 분별력으로 말씀을 분명하게 가르치는 은사를 주셨고 아내에게는 영혼을 뜨겁게 사랑하고 말씀으로 어루만지며 헌신적으로 섬기는 은사를 주셨습니다. 주님께서 부족한 우리들을 이 땅에서 생이 끝날 때까지 영혼 구원과 제자 양성을 통한 세계 선교에 아름답게 사용해 주실 것을 믿습니다. 또한, 십자가 뒤에 반드시 부활의 영광과 믿음의 승리가 있음을 믿습니다. 부르심의 상을 위해 끝까지 달려갈 때 주님께서 주실 상이 크리라 믿습니다.

마지막으로 고백하고 싶은 것은, 33년 동안 지치지 않고 대륙 선교의 사명을 감당할 수 있었던 힘은 제가 대륙 수많은 영혼 전체를 보기보다, 그때그때 주님이 보내시는 한 생명을 천하보다 귀하게 여기고 한 사람 한 사람을 순수하게 사랑한 데 있습니다. 하나님은 저를 한 생명을 위해서 기꺼이 죽을 수 있는 선한 목자로 키워가셨습니다. 부족하지만, 우리가 한 생명을 살리기 위해서 모든 십자가를 감당했을 때 주님은 역사하셨습니다.

하나님은 참으로 은혜로우십니다. 제 인생을 돌아볼 때 하나님은 출세에 대한 욕심과 허무로 병들어 아무 쓸모 없는 저를 구원하시고 대륙으로 인도하셨습니다. 그런데도 저는 조금만 힘들어도 하나님의 은혜를 잊은 채 기도를 들어달라며 하나님께 떼를 쓰곤 했습니다.

하나님은 연약한 나의 가정을 지켜주셨습니다. 많은 핍박 가운데서도 공동체를 지키시고 제자를 세워 주셨습니다. 대륙 각지와 다른 나라들에까지 선교사를 파송하게 해 주셨습니다. 이는 33년 전, 고비사막 같은 복음의 황무지였던 대륙을 떠올릴 때 상상하기 어려운 일입니다. 그러나 성령께서는 늘 우리와 동행하시며 하나님의 살아

계심, 전능하심을 보여 주셨습니다. T 지역과 여러 도시에서 성령의 불세례가 내리는 것을 보게 하셨습니다.

혼미한 땅에 심겨진 이 모든 겨자씨가 이제는 거목이 되어 대륙 전역뿐만 아니라 세계 각 곳으로 나아가 열방을 섬기는 은혜의 역사를 이루셨습니다. 우리는 오직 믿고 순종했을 뿐입니다. 모두 성령께서 하셨습니다.

이제 대륙을 떠난 우리는 대륙에 남아 있는 제자들을 위해 기도합니다.

> 주님, 여전히 복음의 동토와 같은 땅에 남아 있는 제자들을 지켜 주시고 그들을 통해 주님 다시 오실 때까지 복음이 끊임없이 선포되며 새로운 제자들로 주님의 교회들이 꾸준히 세워지게 해 주시옵소서. 그래서 장차 대륙을 세계의 제사장 나라로 세워 주시옵소서.
>
> 그들을 진리로 거룩하게 하옵소서 아버지의 말씀은 진리니이다 (요 17:17).

부록

Ⅰ. 아내, 사라 선교사의 간증과 시

  1. 주님의 구원이 나에게 임하다

  2. 왜 그토록 기뻤는지 주님만이 아시죠(대륙 선교 33년)

  3. 33년 선교의 열매와 디아스포라 선교 사역

  4. 사라 선교사의 詩

Ⅱ. 자녀의 시(초등학교 3년 때 쓴 한 자녀의 시)

Ⅲ. D 지역과의 아름다운 연합 사역(다윗, 승리 선교사)

I

아내, 사라 선교사의 간증과 시

내가 진실로 너희에게 이르노니 한 알의 밀이 땅에 떨어져 죽지 아니하면 한 알 그대로 있고 죽으면 많은 열매를 맺느니라 (요 12:24).

1. 주님의 구원이 나에게 임하다

1981년, 주님을 만난 순간부터 저는 주와 복음을 위해 달려왔습니다. 제 별명이 '불도저'일 정도로 지칠 줄 모르는 열정과 믿음을 가질 수 있었던 비결이 무엇인지 돌아봅니다. 그것은 흔들림 없는 구원의 은혜와 부르심 그리고 보내심에 대한 확신이 있었기 때문입니다.

또 물밀듯 몰려오는 양들을 섬기며 왜 그토록 즐겁고 신났는지 주님만이 아십니다. 이는 주님께서 원래 저를 창조하신 모양 오리지널 디자인을 은혜로 회복했기 때문입니다.

저는 1961년 안동에서 태어나 사랑이 넘치는 가정에서 자랐습니다. 부유한 집은 아니었지만, 부모님의 사랑과 희생으로 다섯 자녀 모두 대학에 진학할 수 있었습니다. 특히, 어머니께서는 정말 열심히 일하셨습니다. 어머니는 모태 신앙인이셨고, 어머니의 기도로 아버지의 회심을 비롯해 우리 가족 모두는 하나님을 향하게 되었습니다.

어릴 때 저는 매우 조용하고 내성적이며 특별한 재능도 없었습니다. 하지만 공부를 열심히 해서 주위 사람들에게 사랑과 인정을 받았습니다. 그래서 더욱 열심히 공부했습니다.

1980년에 경북대학교 수학과에 순조롭게 입학했습니다. 대학에 와서 다양한 동호회 활동과 등산 등 온갖 즐거움을 찾아다니기에 바빴습니다. 하지만 겉으로는 즐거워 보여도 마음으로는 삶의 진정한 의미와 목적을 찾지 못해 공허함과 절망에 빠져 있었습니다.

대학교 2학년 때, 주님께서는 친구를 통해 대학생성경읽기선교회의 선배를 만나 성경을 배우게 하셨습니다. 성경을 공부하면서 저를 부르시고 구원하시는 예수님을 만났습니다. 주님의 십자가 사랑이 임했을 때 나의 모든 것이 바뀌었습니다. 탕자와 같이 세상 죄의 낙을 쫓으며 허무와 절망에 빠져 있던 저는 주님의 품으로 돌아오게 되었습니다.

제가 예수님을 주님으로 고백했을 때 하나님께서는 창세기 12장 1, 2절 말씀을 주셨습니다.

> 여호와께서 아브람에게 이르시되 너는 너의 고향과 친척과 아버지의 집을 떠나 내가 네게 보여 줄 땅으로 가라 내가 너로 큰 민족을 이루고 네게 복을 주어 네 이름을 창대하게 하리니 너는 복이 될지라(창 1:1-2).

만민을 구원하실 소망으로 아브라함을 부르신 하나님께서 저도 부르신다는 것을 믿었습니다.

"너는 이제부터 다른 사람에게 복을 주는 복의 근원이 될지라!"

그리고 1981년 가을, 저를 방황하는 젊은이들의 목자로 세워 주셨습니다. 1984년 졸업을 하고 낮에는 고등학교 교사로, 밤에는 일대일 성경 교사로 학생들을 가르치며 20대 시절을 주님께 드렸습니다.

1987년, 제가 주님을 사랑하는 기쁨으로 가득 차 있을 때, 주님께서는 마태우스 선교사님을 만나게 하셨습니다. 그는 주님을 사랑하는 마음이 넘치는 독일 선교사로 복음의 큰 능력을 믿고, 모든 민족에게 복음을 전하려는 선교의 열정이 넘치는 사람이었습니다.

저희는 서로의 믿음과 삶에 깊은 감동을 받고 결혼하여 선교사 가정을 꾸렸습니다. 그리고 독일로 가서 선교하려 했으나 하나님께서는 마태우스 선교사님을 대륙으로 인도하셔서 T 지역을 밟게 하셨습니다. 그곳에서 복음을 모르는 젊은이들의 절규를 성령의 감동으로 듣게 하셨습니다.

"이리로 와서 우리를 도와주세요!"

그래서 우리 가족은 즉시 성령의 인도하심을 따라 독일에서 대륙으로 선교 방향을 바꾸었습니다.

마태우스 선교사님이 처음 대륙에 갔을 때, 대륙과 한국은 아직 수교를 맺지 않은 상태였기 때문에 장기 비자를 받는 것이 불가능했습니다. 어쩔 수 없이 남편은 대륙과 한국을 여섯 번이나 왕복하며 선교를 시작해야만 했습니다.

처음에는 자비로 선교했기 때문에 선교사님은 대륙 언어를 혼자서 익히고 경제적으로도 자립하며 은밀히 복음을 전하고 제자를 키우는 이중 삼중의 헌신을 해야 했습니다. 저는 남편을 경제적으로 지원하기 위해 한국에 머물면서 교사 생활을 계속했습니다. 그런 생활이 자녀들이 태어나서도 계속되었습니다.

어느 날 주님은 제게 대륙의 영혼을 위해 기꺼이 죽을 수 있는지 물으셨습니다. 그 십자가가 얼마나 무거운지는 알 수 없었지만, 저는 한 알의 밀알이 되어 대륙의 모든 영혼을 위해 죽겠다고 대답했습니다. 이 밀알의 진리는 언제나 나의 선교사 생활의 원동력이었습니다.

죽음을 각오한 만큼 저의 대륙 선교사로서의 삶은 시작부터 순탄치 않았습니다. 저는 신혼 기간도 없이 남편과 자주 떨어져 혼자서 많은 일을 감당해야 했습니다. 교사 생활을 하며 어린 자녀들을 키우고 성경을 가르쳐 제자로 세우는 목자의 사역이었습니다.

이런 저를 보시고 주님은 어머니를 감동시키셔서 도움을 받게 하셨습니다. 5년 동안 월급은 물론 퇴직금까지 모두 마태우스 선교사님의 초기 대륙 선교 자금으로 드렸습니다. 하지만 대륙에서 함께 선교할 날을 사모하며 남편과 자주 떨어져 있어야 하는 시간이 기약 없이 길어지자 저는 차츰 연약해졌습니다.

자녀들이 태어났는데 당시는 출산휴가가 거의 없어서 제대로 모유를 먹이지 못했습니다. 게다가 출산 후 몸이 온전히 회복되지 않은 상태에서 모유 수유가 끊기자, 곧바로 다시 임신이 되었고 결국 저의 부주의로 태중의 소중한 생명을 잃고 말았습니다.

그 시절의 고난을 통해 주님은 저를 연단하셨습니다. 나의 교만과 자기 의를 철저히 깨뜨렸습니다. 저는 다시 주님의 십자가를 바라보며 용서와 구원의 은혜를 깊이 영접했습니다. 그때부터 나의 성실이 아닌 은혜에 기초한 새로운 신앙생활을 하게 됐습니다.

> … 아버지께서 주신 잔을 내가 마시지 아니하겠느냐 … (요 18:11).

이 말씀을 들으며 '남편이 너무 무리하는 것이 아닌가' 하는 연약한 생각을 회개했습니다. 우리 가정에게 죽의 장막(竹의帳幕) 대륙에 복음의 길을 뚫는 영광스러운 사명을 주신 아버지 하나님께 감사했습니다. 이 믿음이 생기자, 온 가족이 대륙에서 함께 선교할 날을 사모하며 십자가를 기쁨으로 지기 시작했습니다.

드디어 1993년에 저는 안정된 교사직과 한국에서 누리던 모든 것을 포기하고 임시 대륙 비자를 취득하여 자녀들과 함께 대륙에 입국했습니다. 그때 주신 히브리서 11장 8절 말씀은 제게 큰 힘이 되었습니다.

> 믿음으로 아브라함은 부르심을 받았을 때에 순종하여 장래의 유업으로 받을 땅에 나아갈새 갈 바를 알지 못하고 나아갔으며 (히 11:8).

하나님은 제가 한국에서 수학 교사로서 안정적이고 보장된 소시민의 삶을 사는 것을 원하지 않으셨습니다. 주님께 받은 은혜의 복음을 대륙에 심어 그곳에서 죽는 한 알의 밀알이 되기를 원하셨습니다. 당시 우리의 미래는 매우 불안했지만, 제 마음은 너무나 평안하고 단단했습니다. 왜냐하면, 하나님은 나의 산성이요, 나의 요새이시며, 그의 사람을 그의 길로 인도하시는 분이시기 때문입니다 (삼하 22:33-34).

2

왜 그토록 기뻤는지 주님만이 아시죠
(대륙 선교 33년)

1993년 6월, 저는 자녀들을 데리고 T 지역으로 갔습니다. 글을 쓰는 지금, 30년도 넘었습니다. 돌이켜보면 이것이 하나님의 무한한 은혜였음을 고백하게 됩니다. 문화와 언어의 장벽을 넘어 성육신하신 주님의 삶을 배우고 살았습니다. 저는 대륙 청년들과 함께 현지 문화와 언어에 일체가 되기 시작했고 찐빵과 고수 같은 낯선 음식도 자연스럽게 제 삶의 일부가 되었습니다.

> 내가 진실로 너희에게 이르노니 한 알의 밀이 땅에 떨어져 죽지 아니하면 한 알 그대로 있고 죽으면 많은 열매를 맺느니라 (요 12:24).

이 한 알의 밀알에 담긴 진리가 예수님의 성육신하심입니다. 주님은 우리를 구원하시기 위해 하늘의 영광과 보좌를 버리고 가장 낮은 곳으로 오셨습니다. 주 예수님은 우리에게 생명을 주시기 위해 이 땅에 오셨으나 오히려 많은 핍박과 고난을 당하시고 마침내는 희생의 십자가를 통하여 자신이 죽으심으로 우리를 구원하시고 참된 자유와 생명을 주셨습니다. 그분은 자신의 생명보다 우리의 생명을 더 소중히 여기시고 사랑하셨습니다.

주님의 사랑은 겸손하고 완전한 희생의 사랑입니다. 죄인을 끝까지 참으시고 섬기시며 자신의 모든 것을 버리시기까지 생명을 살리는 사랑입니다. 우리도 주님의 강권적인 사랑의 힘으로 대륙까지 왔습니다. 그들에게 복음을 전하기 위해, 생명을 살리기 위해 왔지만, 이곳 사람들은 우리를 배척하고 핍박했습니다. 그러나 주님의 사랑을 끝까지 실천할 때 주님께서 이곳에 주님의 구원을 이루실 줄 믿었습니다.

1993년, T대학교와 B대학교를 중심으로 대륙 청년들을 섬기기 시작했습니다. T 지역에서 본격적인 선교를 시작하면서 예수님께서 말씀하신 지상명령(마 28:18-20)의 말씀을 굳게 붙들었습니다.

우리는 먼저 가정을 완전히 열었습니다. 하나님께서는 처음부터 우리로 하여금 대륙인들과 함께 살며 섬기도록 하셨습니다. 우리는 이 길이 곧 하나님의 지혜임을 믿고 순종했습니다. 우리는 가정을 오픈하고 청년들과 함께 생활하며 제자를 양성하기 시작했고 30년 넘게 이런 방식을 지속해 왔습니다. 부엌이 큰 집을 소원했던 저의 기도를 들으시고 열여덟 번 이상 이사를 했지만, 하나님께서는 늘 큰 부엌이 있는 집을 허락해 주셨습니다.

하지만 그들과 함께 가족으로 살아가는 것은 처음에는 쉽지 않았습니다. 저는 위생 관념이 철저한 사람입니다. 그러나 청년들은 잘 씻지도 않고 정리정돈도 하지 않았습니다. 또 대륙 음식을 하면 주방이 기름때로 더러워졌습니다. 심지어 한 달 동안 발을 씻지 않은 형제도 있었습니다. 그리고 저는 잠깐씩 낮잠을 자는 습관이 있었는데 낮에 쉬고 싶어서 집안의 여러 방을 둘러보았지만, 쉴 곳이 없었습니다. 결국 저는 낮에 쉬는 것을 아예 포기했습니다.

무엇보다 대륙은 현지인들과 함께 생활하는 것은 위험합니다. 조심하지 않으면 즉시 추방당하기 때문입니다. 우리가 순교할 각오를 하고 복음을 전했지만, 완강히 거부하고 대적하는 사람들도 있었습니다.

그러나 감사한 것은 30년이 넘는 세월 동안 우리와 함께 살았던 청년 중에 우리를 배신하거나 고발한 사람은 단 한 명도 없었습니다. 우리와 함께 사는 동안 그들은 깊은 사랑을 받았기 때문입니다. 꽁꽁 얼어붙었던 청년들의 마음이 우리를 통해 그리스도의 사랑과 은혜를 경험하고 마음을 열고 우리를 깊이 신뢰했습니다.

저는 대륙 언어를 배우기 시작했고 복음을 전하기 위해 대학 캠퍼스에 갔습니다. 저는 당시 30대였지만, 마음은 20대처럼 활력 넘치는 대학생 같았습니다. 얼마 되지 않아 개인 성경 공부와 인격적인 섬김을 통한 말씀의 부흥이 일어났습니다. 하루하루가 천국 잔치와 같고 말씀의 비에 흠뻑 젖는 은혜가 가득한 삶이었습니다.

더러운 슈퍼 이층 창고를 개조해서 살아도 기뻤습니다. 방에 가구를 대신하여 가방을 놓고 여차하면 옮길 준비를 하고 살았습니다. 신문지로 밥상을 하고 둘러앉아 식사를 해도 즐거웠습니다. 아무런 보장도 없는 격리된 생활, 행여 외국인이라 주목받을까 숨죽이는 생활, 대륙인처럼 되고자 노력하는 생활을 했습니다. 이 모든 불편에도 저는 행복했고 너무나 기뻐서 춤을 추었습니다.

우리는 무엇보다 한 생명을 천하보다 귀히 여기고 사랑했습니다. 우리의 모든 것을 기꺼이 포기하고 드렸습니다. 그러자 하나님께서는 대륙인 영혼을 물밀듯이 보내 주셨습니다. 우리는 한 사람 한 사람 쉴 새 없이 섬겼습니다. 우리 가족은 점점 늘어났습니다. 이 일들이 제게 왜 그토록 기쁜 일인지 주님만이 아십니다.

아무리 막아도 넘치는 파도의 힘을 막을 수 없음 같이 강력한 말씀의 세력이 살아서 움직이므로 공무원이 아무리 감시하고 지켜도 막을 수 없었습니다. 이제 이들은 전임 목회자가 되고, 교수가 되고, 기자가 되고, 선교사요 개척자가 되었습니다. 대륙 캠퍼스에 말뚝이 하나씩 굳게 박히고 무슬림의 세력까지 뚫고 나가게 되었습니다. 그들은 점차 결혼을 해서 믿음의 가정을 이루게 되었고 기꺼이 우리 가정과 같이 자신의 가정을 열어 두세 명의 제자들과 함께 공동생활을 하는 가정교회를 이루었습니다.

나의 첫 제자는 T대학교 영어과 자매였습니다. 겉으로는 문제가 없는 훌륭한 자매였는데 아버지가 돌아가셨다는 소식을 듣고도 장례식에 가지 않았습니다. 그녀는 이기심으로 인한 깊은 죄의식으로 고통을 받았습니다.

저는 마가복음 말씀 공부를 통해 **"내 딸아, 네 죄가 사함을 받았다"**라는 말씀을 전해 주었습니다. 그녀는 예수님을 영접한 후 T대학교에 하나님의 축복의 통로가 되었습니다. 나중에 그녀는 T대학교 영문과 교수직을 내려놓고 현재는 우크라이나에서 대륙인들을 섬기는 선교사로 살고 있습니다.

나는 종종 마음속으로 예수님께 여쭈었습니다.

'주님, 또 무엇을 할까요?'

그때 주님은 제 마음에 이렇게 말씀하셨습니다.

"이미 잘하고 있단다. 네가 나의 원래 창조한 모습대로 잘하고 있기에 그토록 신나고 즐겁고 행복하단다."

주님은 제게 즐거움의 영을 주셨고 모든 섬기는 일을 기쁨으로 하게 하셨습니다. 한 영혼에 대한 순수하고 깊은 사랑을 주셨습니다. 나는 열정과 믿음과 사랑의 은사를 가진 새로운 나의 모습으로 저 자신을 주께 온전히 드렸습니다. 그리고 그것이 너무나 행복했습니다.

이로써 T 지역에서 일대일 성경 공부, 제자 양성, 주님의 말씀이 꽃피우게 되었습니다. 그리고 사도행전 19장 20절 말씀이 제 눈앞에 펼쳐졌습니다.

이와 같이 주의 말씀이 힘이 있어 흥왕하여 세력을 얻으니라(행 19:20).

그러나 모든 일이 순탄했던 것만은 아닙니다. 제가 연약해서 많은 형제자매를 섬기며 상처받고 어려움을 겪을 때도 있었습니다. 도망가고 싶을 때도 있었습니다. 그럴 때마다 주님은 저의 피난처가 되어 주셨습니다(삼하 22:1-3).

사랑하는 딸아 내가 너로 말미암아 기뻐하노라(마 3:17).

그리고 이렇게 주님의 음성을 들을 때마다 나의 연약함은 회복되고 새 힘을 얻었습니다. 또 T 지역에 있는 동안 수없이 많은 선교 동역자와 단기·장기 선교사 그리고 그 외에도 오고가는 손님이 끊이지 않았지만, 기쁨으로 섬겼고 감사하게도 그들의 방문 일정을 한 번도 겹치지 않도록 주님께서 세밀하게 인도해 주셨습니다.

그뿐만 아니라 주님은 우리 자녀들을 강건하게 자라게 하시며, 살아 계시고 역사하시는 하나님을 직접 보게 하셨습니다. 우리 아이들은 부모님이 어떻게 한 영혼 한 영혼을 섬기고 자녀와 양들을 위해 헌신하고 사랑하는지를 보면서 대륙 형제자매들의 구원과 변화를 모두 목격했습니다.

아이들은 현지의 문화, 언어, 환경에 매우 익숙하고 부모로부터 신앙의 유산을 물려받았기 때문에 대륙을 잘 이해하고 사랑합니다. 선교사 자녀들은 부모 세대보다 더 강력하게 쓰임 받는 선교사입니다. 아이들은 대륙 형제자매들과 똑같이 교육을 받았으며 신앙 훈련을 통해 대륙인의 목자로 성장했습니다. 이렇게 하나님의 은혜로 우리 식구는 모두 하나님께서 부르신 자리에서 충실한 흩어진 선교사 가족이 되었습니다.

대륙에서의 우리 생활은 늘 긴장되고 조심스럽지만, 하나님의 보호는 너무나 놀랍고 기묘합니다. 이제 그동안의 삶을 돌아보며 특별히 감사했던 순간들을 떠올려 봅니다.

첫째, 하나님은 우리의 모든 사역에서 보호해 주셨고, 대내외적으로 피난처가 되어 주셨습니다. 우리는 33년 동안 추방되지 않고 대륙에 머무를 수 있는 기한까지 선교 사역을 지속할 수 있었습니다.

하나님의 날개 아래서 그분을 의지하며 산다는 것은 정말 큰 축복입니다(시편 91:2, 4, 9). 내일을 걱정하지 말고, 오늘 주님을 위해 살게 하십시오.

둘째, 비자 연장의 문제에 신실하게 응답해 주셨습니다. 처음에는 임시 비자로 3개월마다 혹은 6개월마다 연장되곤 했습니다. 그러다가 남편 동생의 J 공장을 통해 매년 취업 비자를 받고 최종적으로 2년 장기 거주 비자를 받게 해 주셨습니다. 한 치 앞도 알 수 없는 비자 연장의 기도 제목에 대해 하나님은 한 번도 침묵하지 않으시고 우리 부부의 나이가 다 차서 연령 제한으로 비자가 끝날 때까지 순조롭게 하셨습니다.

셋째, 재정적으로 어려울 때마다 도와주셨습니다. 저는 젊었을 때 성공한 수학 교사로서 물질적으로 부족함이 없는 삶을 살았는데, 이 모든 것을 버리고 대륙에 왔을 때 처음에는 경제적으로 너무 많은 어려움을 겪었습니다. 마태우스 선교사님은 초기에 제자들을 도우면서도 자립하려고 한국과 무역을 하느라 고생을 많이 했습니다.

제자 양성이 놀랍게 일어나면서 1995년 말이 되어서야 선교회 본부로부터 전임 선교사로 지원받게 되었습니다. 또 모교회로부터 선교비와 여러 후원을 받게 되었습니다. 우리 부부는 비로소 선교 사역에만 전심전력할 수 있었습니다. 늘어나는 제자들을 품기 위해 새로운 임대 집을 얻을 때마다 필요한 비용을 주셨습니다. 자녀 모두 학업을 성공적으로 마쳤으며, 한 자녀는 대학 때부터 많은 장학금을 받아 다른 학생들의 등록금까지 도와주었습니다.

> 근심하는 자 같으나 항상 기뻐하고 가난한 자 같으나 많은 사람을 부요하게 하고 아무 것도 없는 자 같으나 모든 것을 가진 자로다 (고후 6:10).

나는 경제적인 문제를 해결해 주시는 하나님을 경험하며 이 말씀을 깊이 경험했습니다.

넷째, 건강을 지켜 주셨습니다. 지난 33년 동안 우리는 대륙의 경제 발전 역사를 따라왔습니다. 1980년대 후반과 1990년대 초반 대륙의 위생 상태는 매우 열악했습니다. 게다가 대기오염 지수가 400이 넘는 곳에서 살았습니다. 우리의 주 선교지인 T 지역과 D 지역이 모두 그랬습니다. 남편은 식중독, 알레르기성 비염, 장염, 간염, 십이지장궤양, 피부염, 갑상선암 등 많은 질병을 앓아왔습니다.

갑상선 수술 후에는 코로 냄새를 맡지 못하고, 신경이 예민해지고, 잠도 못 자고, 피부가 욥처럼 가려웠습니다. 지금도 운동신경 전달계 물질의 장애로 파킨슨 지병을 가지고 있습니다. 저도 기관지 확장증, 폐렴, 결핵 등 호흡기 질환을 겪었고 지금도 경추 협착증을 앓고 있습니다. 지난날을 돌이켜보면 하나님께서 생명 싸개(삼상 25:29)로 연약한 우리 육신을 보호해 주셨음을 깊이 감사하게 됩니다.

3

33년 선교의 열매와 디아스포라 선교 사역

이 복음을 위하여 그의 능력이 역사하시는 대로 내게 주신 하나님의 은혜의 선물을 따라 내가 일꾼이 되었노라(엡 3:7).

제자들이 많아지고 시간이 흐르자, 그들과 우리 모두 더 자라야 함을 느꼈습니다. T 지역을 시작으로 매년 비밀리에 미국 신학교 교수들이 와서 7년 넘게 신학 공부를 하고, 이후에는 저희가 7년 동안 코헨신학대학원에서 선교사들을 대상으로 하는 신학 교육을 체계적으로 받았습니다. 박사 과정을 마친 후 우리는 둘 다 목사 안수를 받았습니다.

T 지역에 최초의 T 노회가 창립되어 현지 목회자들도 신학교육을 받았고 목사와 전도사 13명을 세우며 아프리카와 미국, 헝가리 일본, 싱가포르에 35명 이상의 선교사를 파송했습니다. 그리고 다섯 명의 제자를 미국의 고든콘웰신학교와 다른 신학교에 보냈습니다. 그들은 모두 10년에서 20년 이상 제자 훈련을 받았습니다. 평신도로 일하면서 목양하는 집사, 목자, 신실한 주님의 제자를 많이 세워 주셨습니다.

전도단을 통해 우리는 T, D, E, O, H, M, I, F, G 이슬람 지역 등 20개 지역을 개척하여 열다섯 개의 교회를 세웠습니다. 또한, T 교회에는 서른 개가 넘는 믿음의 가정이 있고, D 교회에는 열두 곳의 믿음의 가정이 있습니다. E 지역에는 두 가정을 세웠습니다. 이것이 우리가 가장 힘쓴 제자 양성의 열매입니다. 대륙과 같은 환경에서 젊은 이들이 욕망을 이겨내고 믿음으로 성장하고 결혼하여 가정교회를 이루는 것은 놀라운 일입니다.

외국인 선교사로서 우리는 사도 바울처럼 교회가 세워진 후에는 현지 목회자를 세우고 물러나야 합니다. 우리는 T 지역의 두 교회가 독립한 후 20개 도시에서 가장 개척이 활발한 D 지역의 형제자매들을 돕기 위해 D 지역으로 왔습니다. 6년간 D 지역을 도운 후 E 지역으로 이사했습니다. E 지역은 대륙 33년 선교의 마지막 종착역입니다.

2023년 5월, 전염병은 아직 끝나지 않았지만, 우리는 E 지역에 있는 임대 주택에서 마지막 신앙 가정을 세웠습니다. E 지역을 떠날 때 우리는 뜨거운 환송을 받았습니다. E 지역 교회는 안디옥 교회처럼 두 명의 성경 선생을 동남아에 파송했는데, 우리는 사도 바울처럼 또 다른 선교 여행을 떠나듯 E 지역을 떠났습니다.

2023년 5월, 우리는 대륙 내륙에서의 선교 활동을 성공적이고 안전하게 마치고 대륙을 떠나 동남아로 왔습니다. 하나님의 놀라운 인도하심으로 SIM의 동역자들이 회은교회를 소개해 주었습니다. 충성스럽고 열정적인 리리 전도사님을 만나 대륙인 형제자매들을 함께 섬겼습니다.

우리가 치한과 예린 커플을 처음 만났을 때 이 둘은 매일 다투고 있었습니다. 치한은 대륙 청년, 예린은 한국 아가씨입니다. 이들은 우리와 일대일 성경 공부를 하고 혼인 예비 공부를 함께 했습니다. 비록 민족과 성격이 다르지만, 하나님께서는 둘을 맺어 주시고 대륙과 한국에서 싱가포르로 인도하셔서 복의 근원이 되는 가정을 이루도록 축복하셨습니다.

또한, 우리의 말레시야 선교를 위한 기도를 받으시고 하오즈라는 말레이시아 화교 형제를 돕게 하셨습니다. 그리고 역시 우리가 지난 일 년 동안 꾸준히 도운 한 자매와 믿음의 결혼을 준비하는 은혜를 주셨습니다. 하오즈 형제가 말레시야 선교의 밀알이 될 줄 믿습니다. 그 밖에도 많은 은혜로운 성령의 사역이 있습니다.

이처럼 우리를 동남아에서도 계속하여 대륙 영혼들을 제자 삼는 사역에 쓰시는 하나님의 은혜가 놀랍습니다. 우리 몸이 남들만큼 건강하지 못하더라도 감사하는 마음은 우리의 연약함보다 강합니다. 제한된 선교 후원으로는 턱없이 부족해서 방값도 비싸고 물가도 비싼 동남아에서 생활하는 것은 큰 도전입니다. 하지만 이곳에서 더욱 활발하고 강력해진 동남아 디아스포라 선교를 생각하면 미래에 대한 기대가 더 큽니다.

지금은 대륙 선교의 문이 닫힌 것 같지만, 하나님께서는 멈추지 않으셨고 대륙 선교는 더욱 강력하게 진행되고 있습니다. 우리도 멈추지 않을 것이며 더욱 뜨거운 열정을 가지고 동남아에 흩어진 디아스포라를 계속 섬길 것입니다.

마지막 때에 흩어진 대륙인 가운데 강렬한 구원의 역사를 이루시고 이들을 통해 만민 구원의 역사를 이루어 가시는 하나님의 소망이 넘칩니다. 이것이 우리의 사도행전 8장 4절 말씀과 같은 선교의 미래에 대한 비전입니다.

그 흩어진 사람들이 두루 다니며 복음의 말씀을 전할새(행 8:4).

민들레와 같은 동남아 디아스포라 화교들을 위한 새로운 선교의 희망, 자주 대륙에 들어가 대륙 제자들을 견고히 할 수 있다는 희망이 있습니다. 우리는 주님의 이 소망 때문에 기쁨으로 우리를 바치기를 원합니다. 저를 한 알의 밀알로 주님을 위해 살게 하시는 은혜에 감사하며 찬양합니다. 할렐루야!

4

사라 선교사의 詩

2013년 8월

#1.

如何(어떠하든지)

所以，我们不可丢弃勇敢的心，存这样的心必得大赏赐。我们必须忍耐，使我们行完了神的旨意，就可以得着所应许的。

来 10:35, 36

无论明天如何
我今天为主而活
完全释放主赐给我的
一切宝贵恩惠

无论今天如何
我今天喜乐的跳舞赞美
因为主是
我的喜乐
我的生命
我的复活

我的源泉

今天主赐给我真爱

我可以怀抱任何人

完全牺牲自己去侍奉

喜悦的施给

使死去的生命活过来

沐浴在永恒的爱里面

今天主赐给我喜悦

在任何逆浪中也不忧愁

冲破桎梏

不被捆锁

喜悦地跟从主十架

泉源般涌流的喜悦

今天主赐给我信心

不看自己的不足和软弱

不看前方的困难

勇敢挑战

靠着上主的话语，前进

迈开信心的脚步，交托

学习信靠，学习顺从

这芥菜种子一样伟大的信心

今天主赐给我盼望

无法熄灭的爱情

无法冷却的热望

不失勇气

不求拥有

不慕知识

不追名誉

不贪财利

只求主的国和主的义

直到见主的那日

做无愧的工人

愿完全正直敬畏祂

只想成为使主喜悦

合祂心意的人

做效法主的好牧者

盼望未见之事

无论明天如何

今天我要献上

全部的信仰和生命

为了主和主的国燃烧

为了羊群的益处

献上自己成为活祭

无论明天如何

今天我要顺从主的话语

成为主的手和脚

担当好主活着的工作

忠诚于主

无论如何

今天我要活出

主耶稣的爱和谦卑

为了得着主耶稣

爱主，牧养主的羊群

无论明天如何

今天我为主而活

为了成就主的旨意

为了担当主的恩惠

跑当跑的路

打美好的仗

无论如何

今天我愿成为新皮袋

内中不断有新酒盈溢

直到与主邂逅的那日

每天更新自己
变化为像主般美丽的新娘
祂喜悦我 祂迎接我
我一生便成为上主的喜悦 …

#1.

어떠하든지(如何)

그러므로 너희 담대함을 버리지 말라 이것이 큰 상을 얻게 하느니라 너희에게 인내가 필요함은 너희가 하나님의 뜻을 행한 후에 약속하신 것을 받기 위함이라(히 10:35-36).

내일 어떠하든지
오늘 난 주를 위해 살리라
주께서 주신 모든 은혜
마음 다해 쏟아붓기를 원하나이다

오늘 어떠하든지
난 기쁨의 찬양과
춤을 추리다
주는 나의 기쁨
나의 생명
나의 부활

그분께서
내게 주신 사랑으로
어느 누구도 안을 수 있고
기쁨으로
고통하는 영혼을 도우리다
주께서 주신 기쁨
어떠한 역경에도
염려치 않고
수갑을 깨뜨리고
어디에도 묶이지 않으며
믿음의 걸음마다
주께 맡기며
자유의 십자가 따르리라
생명의 근원에서
솟아나는 기쁨

주께서 주신 믿음
나의 모자람과
연약함 보지 아니하시니
내 앞날의 고난
개의치 아니하고
힘차게 도전하리다
주가 주신 소망

꺼지지 않는 열정

잃지 않는 용기

지식을 추구하지 않고

명예를 좇지 않고

재물을 탐하지 않으며

정직하게 주를

경외하길 원하나니

그의 본받는

선한 사마리아인 되기를

내일 어떠하든지

주와 소망의 나라를 위해

모든 믿음과

꿈을 불태우리다

어둠의 갇힌 자 빛을 위해

그의 손과 발 되어

내게 주신 사명 다하리다

내일 어떠하든지

환란과 핍박이 올 때에

대적하는 자들을 만날 때

주의 사랑과

겸손함을 배우고

받은 은혜를 담당하기 위해
힘을 다해 달려가리라

주님은 나를 위해
채찍에 맞으시고
모든 조롱과
멸시를 참으셨으며
손과 발에 못 박히셨네

내가 어떠하던지
한 알의 밀알이 되어
죽으신 주님을 바라보리라
만나는 그날까지

매일 나를 새롭게
향기 담은 새 그릇이 되어
달빛 같은 신부가 되리라
그가 눈부신 빛으로
나를 맞이하리라 ….

#2
왜 그토록 기뻤는지 주님만이 아시죠.
(결혼 20주년을 맞아 주께 드리는 나의 시 2007년 9월)

20년 전 우리는 천사도 흠모하는
선교사 가정으로 출발했습니다.
그 어느 누구도 선뜻 대륙에 장기 체류를 생각할 수 없던 그때
제 남편은 갈렙 장군과 같이 처자식을 뒤로하고
먼저 약속의 땅을 향해 나아갔습니다.
그런데도 나는 왜 그토록 기뻤는지 주님만이 아시죠.
그다지 우리를 환영하지 않는 땅에 생명을 주기 위해
우리는 오게 되었습니다.
임시 비자를 들고 구멍가게 2층 창고를 얻어 개조했습니다.
가방에 가방을, 가구를 대신하여 둘러놓고
신문지로 밥상을 하고 둘러앉아 식사를 했습니다.
여차하면 언제든지 옮길 준비가 되어 있었습니다.
그런데도 나는 왜 그토록 기뻤는지 주님만이 아시죠.

아무런 보장도 없이 격리된 생활
행여나 외국인이라 주목받을까 숨죽이는 생활
대륙인과 같이 되고자 노력했습니다.
그러나 나는 행복했고 너무나 기뻐서 춤을 췄습니다.
우리는 한 생명을 천하보다 귀히 여기고 사랑했습니다.

우리의 모든 것을 기꺼이 포기하고 드렸습니다.
그럼에도 왜 그토록 기뻤는지요.
어느덧 물밀듯 몰려와
한 사람, 한 사람, 쉴 새 없이 섬겼습니다.
우리 가족은 점점 불어났습니다.
그런데도 나는 왜 그토록 기뻤는지 주님만이 아시죠.

아무리 막아도 넘치는 파도의 힘을
그들은 막을 수 없었습니다.
아무리 감시하고 지켜도
강력한 말씀의 세력이 살아서 움직이므로
그들은 지킬 수 없었습니다.
이제 이들은 전임 사역자도 되고,
교수도 되고, 기자도 되고, 선교사요, 개척자도 되었습니다.
1,238개 캠퍼스에 밀알이 하나씩 하나씩 굳게 박히고,
무슬림 세력까지 이미 뚫고 나가게 되었습니다.
이때 주님은 우리를 잠시 끌어내시고
하와이 코나로 보내셨습니다.
쉼을 주셨습니다.
엄청난 사랑을 주셨습니다.
모든 억눌림에서 자유케 하셨습니다.
다시 하나님의 음성에 민감하게 귀 기울이게 하셨습니다.
견고한 진들이 무너지고

우리의 마음을 아버지의 마음으로 가득 채워 주셨습니다.
주님은 말씀하셨습니다.
"내가 너를 기쁨의 여인으로 창조했노라,
너희가 나의 오리지널 디자인대로 살아갈 때
기쁘고 행복했노라"라고.
지금도 핍박과 환난이 우리를 기다리고 있습니다.
그러나 우리는 너무나 기쁩니다.
이 기쁨을 열방에 전하고 싶습니다.
주님, 우리가 여기 있나이다.
우리를 써 주소서!!

또한, 내가 주께 감사함은
주님은 내게 가장 좋은 선물, 귀한 분
나의 남편을 주신 것입니다.
나의 남편!
당신은 주의 기름 부음 받은
세상에서 내가 가장 사랑하고 존경하는 분입니다.
나는 당신을 빛내 줄 면류관이라 고백합니다(잠 12:4).
또한, 내가 기쁨으로 찬양하고 노래하는
나의 주 예수님께 감사합니다.
주님, 사랑합니다. 주님, 감사합니다.
이 모든 은혜는 주께서 내게 주셨음을 고백합니다.

#3
왜 여전히 그토록 기쁜지 주님만이 아시죠
(결혼 37주년을 맞아 주께 드리는 시 〈2024년 10월〉)

다시 17년이 지났습니다.
몸은 예전 같지 않고 노화와 질병의 어려움이 찾아왔습니다.
그러나 여전히 주님이 나의 기쁨의 샘물임을 고백합니다.
내가 왜 여전히 그토록 기쁜지 주님만이 아시죠.
주님의 긍휼과 사랑을 체험하며
우리를 늘 마음에 두시는 주의 놀라운 은혜를 받으며
주의 날개 아래 보호받는 삶,
주의 이름 의지하므로
나를 에워싸는 모든 두려움과 긴장감,
서운함과 외로움과 염려의 견고한 진을 부수게 하십니다.
내가 왜 여전히 그토록 기쁜지, 주님만이 아시죠.
주께 감사한 맘이 너무나 커서
모든 나의 연약함과 부족, 질병과 환경을
넉넉히 이기게 하십니다.
주께서 나의 슬픔을 춤으로 바꾸시고,
나의 굵은 베옷을 벗기시며 나를 기쁨으로 두르셨습니다.
이는 내 영혼이 주를 찬송하며
잠잠하지 않게 하려 하심이라
여호와 나의 하나님이여,
내가 주께 감사 하리이다. 영원히! 아멘.

II

자녀의 시
(초등학교 3년 때 쓴 둥이의 시)

자녀 둥이

다른 사람의 기념일을
자신의 기념일로 여기고,
자신의 기념일은
없는 것처럼 여기며,
다른 사람의 기쁨에
환호하고,
다른 사람의 즐거움에
기쁨을 이기지 못하는 일,
오직 우리 부모만이
하실 수 있는 일입니다.
어버이날 축하합니다.

부록 Ⅱ 자녀의 시(초등학교 3년 때 쓴 둥이의 시)

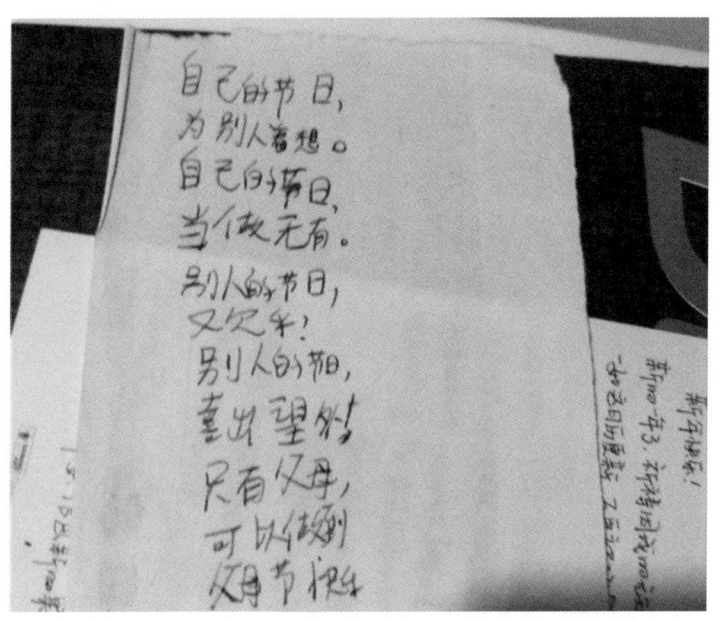

자녀의 시 초등학교 3년 때 쓴 둥이의 시 ▶

III

D 지역과의 아름다운 연합 사역
(다윗, 승리 선교사)

1. 부르심

하나님께서는 저와 아내를 대학생 선교 단체로 부르셨습니다. 기독교 신앙이 전혀 없는 가정에서 태어나 기독교와 무관한 삶을 살던 중 대학 캠퍼스 시절 일대일 성경 공부로 초청되었습니다. 성경 공부는 저의 내면에 있던 내적 목마름과 허무와 정욕의 어두운 문제를 해결해 주었습니다.

그리고 수양회에서 "다 이루었다" 하시며 십자가에서 돌아가신 예수님을 구주로 영접했습니다. 예수님을 구주로 영접한 후, 예수님을 따르는 제자의 삶이 얼마나 가치 있는 삶인지를 보고 배우며 예수님의 제자요 캠퍼스 목자로서의 삶을 살기로 결심했습니다.

무엇보다도 대학 3학년 때 예레미아 1장 4, 5절 말씀을 통해 하나님께서 기뻐하시는 일인 선교에 자신을 드리겠다고 결단했습니다.

하나님께서는 제 아내를 저와 결혼하기 전인 2000년에 먼저 대륙 선교사로 부르셨습니다. 그 이듬해에 저와 결혼 후 2002년에 우리 가정은 대륙 선교사로 파송을 받았습니다.

2. 아름다운 연합 사역으로 이루신 제자 양성

하나님께서 우리를 대륙으로 파송하심과 동시에 귀한 자녀를 선물로 주셨습니다. 아내는 임신 중에 대륙에 들어와 언어를 배웠습니다. 우리는 대학교 언어 과정에 등록했습니다. 그러면서 매주 함께 동역하던 ○○ 선교사님 가정과 함께 QT를 하기 위해 매일 새벽이면 ○○ 선교사님 댁을 방문했습니다. 아직 언어가 서툰 상황이었지만, 대륙어로 QT 모임을 갖기 위해서는 전날 QT 본문을 완전히 이해하도록 준비해야 했습니다.

제게 있어서 그때의 훈련이 언어를 배우는데 밑거름이 되었습니다. 초기 동역 사역을 통해 하나님께서는 ○○대학에서 새로운 학생들을 보내 주셨습니다. 비록 대륙어가 서툴렀지만, 찬양을 인도하고, 그들과 함께 대화하며 선교사로서 비전이 커지던 시기였습니다.

제가 파송 받은 단체는 자비량 선교 사역을 기본으로 삼았습니다. 3년간 언어를 배우고, 그 뒤에 일을 하면서 4년 동안 한인 교회의 청소년부와 유학생 청년부를 섬겼습니다. 그러던 중 대지진이 일어났습니다. 당시 이곳에서 일하고 있던 저는 직장에서 근무하고 있었습니다.

대지진으로 책상이 2미터 이상 흔들리고 건물이 좌우로 휘청이는 경험을 했습니다. 그러면서 제 인생도 함께 흔들렸다고 생각했습니다. 선교사로 부름을 받고도 선교지에서 선교 활동을 할 수 없어 하루하루를 지내고 있던 제게 하나님께서는 지진을 통해 하나님이 부르신 목적과 방향대로 제대로 살고 있는지 돌아보게 하셨습니다.

그 후 하나님께서 저와 아내의 간절한 기도를 들으시고 한국 회사의 현지 법인에 취직하게 하셨습니다. 그때부터 하나님께서 제게 긍휼의 마음을 부어 주셔서 만나는 사람마다 복음을 전하도록 하셨습니다. 그리고 저와 아내는 그동안 멈추었던 캠퍼스 선교를 다시 시작하고자 마음먹었습니다. 그러면서 집을 아예 ○○대학 근처로 옮겼습니다. 그리고 매주 캠퍼스로 전도를 나갔습니다.

그러던 2009년 10월, 캠퍼스를 걷고 있는데 앞에 한 여학생이 보였습니다. 저와 아내는 하나님께서 그녀에게 전도하길 원하신다는 것을 느꼈습니다. 그 자매와 대화를 나누면서 그녀가 예전에 한 번 교회 예배에 참석한 적이 있다는 사실을 알게 되었고, 아내는 그녀를 예배에 초청했습니다.

하나님께서는 그녀를 통해서 새로운 사람을 한 명씩 보내 주시기 시작했습니다. 또 그 대학에서 선교하던 한 가정이 떠나면서 그곳에서 예배드리던 몇 명의 대학생이 우리 모임에 나오기 시작했습니다. 자연스럽게 주일 예배 모임이 시작되었고 하나님께서 매주 새로운 대학생들을 예배에 보내 주셨습니다.

3개월이 지나자, 아내는 매주 20인분의 식사를 준비하여 우리 집에서 예배를 드렸습니다. 나오는 대학생 한 사람 한 사람을 일대일 성경 공부로 초청했습니다.

그들 중에 인 형제와 왕 형제는 쉬지 않고 마작을 하며 번갈아 잠을 자는 등 일주일 내내 마작에 빠져 있었습니다. 매월 받은 용돈을

7일 만에 탕진하고 남은 23일은 거지처럼 지냈다고 했습니다. 그러나 성경 공부를 통해 말씀이 그들을 터치하기 시작했습니다.

왕 형제는 아버지의 술주정과 폭력으로 상처가 많은 형제였습니다. 그가 대학생이 되면서 잔소리가 많은 아버지를 도저히 용납할 수 없어서 아버지를 극도로 싫어했습니다. 하루는 도저히 아버지의 잔소리를 참을 수 없어 때리고 말았습니다. 그는 아버지를 때렸다는 죄의식으로 고통스러운 시간을 보냈다고 고백했습니다. 그러나 예배와 말씀 공부를 통해 변화되기 시작했습니다. 말씀이 그의 안에 들어가니 자신이 얼마나 심각한 죄인인지를 깨닫고 회개했습니다.

왕 형제는 기숙사에서 함께 지내던 형제를 데리고 왔습니다. 왕 형제가 데려온 장 형제는 당시 우리 가정에 처음 왔을 때 너무나 따뜻함을 느꼈다고 했습니다. 장 형제는 예배를 드리고 일대일 성경 공부를 하면서 변화되기 시작했습니다.

장 형제는 가난하게 자라 학비를 마련하기 위해 일을 해야 했습니다. 공부보다는 하루하루 살아가기 위해 할 수 있는 아르바이트는 다 해야 할 정도로 가난했습니다. 그는 대학 시절을 공부보다는 아르바이트로 보낸 것을 자책하던 중에 우리 모임에 나오게 되었습니다.

계속되는 성경 공부를 통해 하나님이 계신 것과 하나님께서 자신을 위해 예수 그리스도를 보내 주신 것을 믿게 되었습니다. 열등감으로 실패 의식이 가득했던 장 형제는 하나님께서 고달픈 인생 가운데 참 쉼이 되시는 분임을 깨달았습니다. 장 형제에게 말씀이 심기기 시작하면서 마치 물고기가 물을 만난 것처럼 하나님의 사랑 안에서 새롭게 변화되는 것이 보였습니다.

그는 같이 아르바이트하면서 만났던 자매들을 주일예배에 초청했습니다. 그가 받은 하나님의 사랑을 주위의 친구들에게 전하기 시작했습니다. 그의 마음속 깊이 자리 잡고 있던 열등감은 조금씩 사라지기 시작했습니다. 마음에 세상으로부터 받은 실패와 고난보다 하나님으로 인한 고난을 감내하려는 소원이 생겼습니다.

또한, 하나님께서는 리우 형제를 보내 주셨습니다. 리우 형제는 외적으로 밝은 형제였지만, 내면은 대입에 실패한 패배감으로 가득 차 있었습니다. 누가복음 19장 삭개오 말씀을 공부하던 중 자신이 삭개오처럼 이기적으로 자기만을 위해 살아왔다고 고백했습니다. 그리고 고독하고 외톨이 같은 인생을 살아온 자신에게 예수님이 찾아와 주셨다는 것에 감격했습니다.

그런데 그에게는 여전히 고백할 수 없는 죄가 있었습니다. 청소년기에 접하게 된 음란물과 격리된 기숙사 환경에서 올바른 성정체성을 가지지 못하고 기숙사의 동급생과 육체적인 관계를 가졌던 것입니다. 이로 인해 깊은 죄책감으로 절망적인 삶을 살았습니다. 대학에 진학해서도 파트너를 바꾸어 가며 여전히 같은 기숙사 동급생과 육체적인 죄를 지었습니다.

마음은 황폐해져 갔고 자신의 죄 문제를 어느 누구에게도 말하지 못한 채 고통스러운 시간을 보내던 중에 예배에 초청되었습니다. 그는 예수님이 자신의 죄 문제를 대신해서 그 처절한 십자가에서 죽임을 당하셨다는 것을 깨닫고 깊이 회개했습니다. 자신이 얼마나 위선적인 삶을 살아왔는지 고백했습니다.

그는 십자가 예수님을 만나고 밝아지기 시작했습니다. 그리고 자신의 성정체성과 싸우기 시작했습니다. 저와 아내는 그를 격려하며 하나님께서 힘주시고 이겨낼 능력을 주시도록 기도했습니다. 시간이 걸렸지만, 리우 형제는 정욕으로 인한 죄책감과 수치심으로부터 자유하기 시작했고 올바른 성정체성도 회복할 수 있었습니다. 이런 놀라운 성령의 역사 속에 하나님께서는 매주 우리가 감당하기 벅찰 만큼의 새로운 청년 대학생들을 예배에 보내 주셨습니다.

하나님께서는 2010년 6월 말, 교회가 개척되고 처음으로 여름 수양회를 F 부근의 한 호숫가에서 개최하기를 원하셨습니다. 그래서 용천 호숫가 근처에 적합한 장소를 구했습니다. 네 개의 방과 2층에는 거실이 있었습니다. 시설이 좋지는 않았지만, 용천 호수가 눈앞에 펼쳐진 아름다운 장소였습니다. 우리로서는 수양회를 개최할 수 있다는 사실만으로도 가슴이 벅찼습니다.

우리는 그곳에서 1박 2일 동안 수양회를 가졌습니다. 다들 신앙생활 한 지 1년이 채 안 되었고 예수님에 대해 잘 알지 못했습니다. 제가 메시지를 준비하고 왕 형제가 간증을 발표했습니다.

왕 형제의 부모는 어린 왕 형제를 할아버지 집에 두고 돈을 벌기 위해 도시로 나가 설 명절에만 돌아왔습니다. 부모님을 그렇게 보고 싶어 했지만, 설 명절이 끝나고 며칠 있지 않고 또 가버린 부모님을 생각하면 너무 싫었다고 했습니다. 심지어 잠시 보는 며칠 동안에도 자신에게 화만 내시는 아버지를 죽도록 미워했습니다.

고등학생이 되어서 설 명절에 돌아온 아버지가 자신을 심하게 나무라자, 아버지가 너무 미워서 죽도록 때렸습니다. 정신을 차리고 보니 왕 형제는 그때야 자신이 얼마나 큰 죄를 지었는지를 알았습니다. 나중에 성경을 보면서 아버지를 구타한 것이 죽을 만큼 심각한 죄였는지를 깨닫고 마음속으로 반인륜적인 죄를 깊이 회개했습니다.

왕 형제의 이 고백은 참석한 형제자매들의 마음에 깊은 울림이 되었습니다. "소자야, 네 죄 사함을 받았느니라"(막 2:5)라는 예수님의 말씀이 참석한 대학생들의 심령을 흔들기 시작했습니다.

참석한 형제자매 대부분이 예수님을 구주로 영접했습니다. 나는 용천 호수 옆 시냇가에서 처음으로 세례를 베풀었습니다. 흐르는 물에 찌앙 자매가 들어가 침례를 받고 장 형제도 침례를 받았습니다.

리우 형제의 전도로 오게 된 허 자매는 출생 배경이 기구한 자매였습니다. 어릴 때 우연히 할머니로부터 자신의 출생에 대해 듣고부터 예수님을 만나기까지 방황했습니다. 허 자매의 친부모님이 당시 아이가 없던 큰아버지에게 그녀를 양녀로 주었습니다. 시작은 이러했습니다. 형제간 밥을 먹다가 동생이 형에게 그냥 아무렇지도 않게 말했다고 합니다.

"형님이 아이가 없으니, 셋째가 태어나면 형님께 줄게요."

그래서 허 자매는 태어나자마자 큰 집에 보내졌습니다. 큰아버지 큰어머니를 친부모님으로 알고 자랐는데 어느 날 할머니가 무심코 던진 말을 듣고 너무나 큰 충격을 받았습니다.

"원래 네 작은 아버지가 너 친아버지야!"

자신은 이것 때문에 너무 고통스러운데 친부모와 양부모는 이 문제를 아주 대수롭지 않게 여겼습니다. 지금까지도 여전히 아무렇지 않게 생각한다는 것과 같은 동네에서 얼굴을 보며 살고 있는 것이 큰 상처가 되었습니다.

그때부터 인생의 목마름이 시작되었습니다. 중고등학교 시절을 방황하며 자신이 왜 살아야 하는지, 왜 친부모님은 자신을 버렸는지, 친부모와 양부모는 허 자매가 출생의 비밀을 알게 되었음에도 자기와 깊이 대화하지 않고 대수롭지 않게 여겨 버리는지 이해할 수 없어 힘든 시간을 보냈습니다.

그래서 그녀는 대부분의 시간을 소설을 읽는 것으로 보냈습니다. 그녀는 그때부터 매너 좋고 괜찮은 남자를 남편으로 만나 행복한 가정을 이루는 환상을 가졌습니다. 하이틴 소설에 나오는 낭만적인 사랑을 꿈꾸었습니다. 하지만 대학 때 사귀었던 형제들은 그녀의 몸만을 원했고, 그로 인해 늘 상처만 남았습니다. 사랑을 갈망했지만, 어느 누구도 진정으로 자신을 사랑하지 않았다고 고백했습니다. 그러던 중 그녀는 머리에 종양이 생겨 큰 수술을 받게 되었습니다.

그녀는 결국 인생의 가장 절망적인 때에 교회에 나오게 되었습니다. 아내와 일대일 성경 공부를 시작했고 말씀을 통해 내면의 상처와 아픔을 치유받기 시작했습니다.

고 형제는 대지진 당시, 지진이 발생했던 지역에 살고 있었습니다. 한 살 때 어머니가 집을 나갔고 고등학생 때까지 힘들고 가난하게 살았습니다. 대지진으로 집은 무너졌고 그 후로 아버지는 술로 하루하루를 보내셨습니다. 삶의 어떤 희망도 갖지 못한 채 살던 고 형제는 지진 구조대원이었던 한 선교사님이 전해 준 복음을 통해 예수님을 영접했습니다.

우여곡절 끝에 대학에 진학한 고 형제는 쉴 새 없이 두세 개의 아르바이트를 하며 학비와 아버지의 병원비를 마련했습니다. 고 형제는 어릴 때 많이 먹지 못해 키가 작은 편이었습니다. 키가 작아 농구는 쉽지 않았지만, 제가 축구를 하자고 해도 끝까지 농구를 고집했을 때는 마음이 짠하면서도 웃음이 났습니다.

그는 힘들고 어려운 상황 속에서도 늘 밝았습니다. 찬양만 하면 언제 그랬냐는 듯 환하게 웃었습니다. 찬양을 너무 좋아해서 기타를 배운 후부터 교회에서 찬양을 인도하는 찬양 사역자가 되었습니다.

우리는 주일이면 집에서 예배를 드렸습니다. 아내는 주일마다 20인분 이상의 밥과 반찬을 준비했습니다. 주중에는 자매들은 아내가, 형제들은 제가 각각 일대일 말씀 공부에 초청하여 돕기 시작했습니다. 낮에는 회사에서 매니저로 일하고, 저녁에는 퇴근 후 말씀으로 형제들을 도왔습니다. 매주 계속되는 말씀 공부와 토요일 저녁 기도회 그리고 주일 예배를 통해 형제자매들의 믿음이 성장하기 시작했습니다.

그러나 형제자매들이 기숙사에서 함께 경건 생활을 한다는 것이 쉽지 않았습니다. 그래서 기숙사 밖에 형제 숙소와 자매 숙소를 따로 마련했습니다. 형제자매들이 새벽에 각각의 숙소에서 기도하고 말씀 훈련을 받도록 도왔습니다.

저는 새벽마다 당시 초등학생이었던 큰딸과 작은딸을 데리고 자매 숙소에서 새벽기도를 인도했습니다. 새벽에 작은 소리로 전해지는 말씀을 듣고 두 딸과 자매들은 기도하는 습관이 길러졌습니다. 1시간 정도 간절하게 기도를 하며 두 딸과 자매들에게 안수하며 그들의 영적 필요를 위해 기도하며 하루를 시작했습니다.

무엇보다 이들이 믿음의 시작 단계에서부터 하나님 앞에 절대적인 신앙을 가지도록 도왔습니다. 유물론과 상대적인 가치관으로 고통받는 이들에게 가장 중요한 것이 말씀에 순종하는 믿음의 사람으로 키우는 것이었습니다.

개척 후 3년이 되면서 형제자매들이 더욱 성숙한 믿음을 갖는 것이 필요하다고 느꼈습니다. 그러나 제가 자비량 선교사로 직장 생활을 병행해야 해서 주중에 집중하여 신앙 훈련을 하기가 쉽지 않았습니다. 그래서 당시 D 지역에서 사역하시는 마태우스 선교사님의 훈련 장소로 형제들을 보내는 것이 좋겠다고 생각했습니다.

형제들의 마음이 준비되자, 먼저 신앙생활 3년 차인 왕 형제를 D 지역으로 보냈습니다. 왕 형제는 그곳에서 깊은 영적 훈련과 전도 훈련을 통해 자신의 한계를 극복하는 믿음의 비밀과 대학생들과 관계를 맺고 그들의 필요에 맞게 전도하는 법을 배웠습니다. 훈련을 마친 왕 형제가 돌아온 후에는 장 형제를 D 지역으로 파송했습니다. 장 형제는 사천 출신으로 요리 솜씨가 뛰어나 공동생활 중 사천요리로 봉사하며 초신자들을 섬기는 훈련도 받았습니다.

하나님은 D 지역의 제자 훈련을 통해 장 형제의 소극적인 마음을 극복하게 하셨습니다. 정적인 장 형제에게 매일 이어지는 말씀 훈련과 전도 훈련은 큰 도전이 되었습니다. 사색하기를 좋아하는 그에게 행동 중심의 훈련 과정은 실천하는 영성을 갖게 했습니다. 매일 캠퍼스에서 영혼들을 만나며 그들과 어떤 대화라도 해야 하는 훈련을 통해 사람을 두려워하지 않게 되었습니다.

마침내 6개월간의 훈련을 마치고 장 형제는 리더로 거듭났습니다. 한 영혼을 섬기는 것이 얼마나 중요한 일인지 깨달았고, T 지역의 유명 대학을 나온 선배 목자들이 하나님을 위해 좋은 학벌과 좋은 직장을 포기하고 헌신하는 모습을 보고 깊은 감명을 받았습니다. 이 땅에서 좋은 직장과 좋은 직업을 가진 사람은 많지만, 한 영혼을 구원으로 인도하는 목자의 삶이야말로 하나님께서 진정으로 기뻐하시는 일임을 깨닫게 되었다고 고백했습니다.

장 형제는 1년이 채 되지 않아 D 지역에서의 훈련 과정을 마치고 돌아왔습니다. 영적 훈련을 통해 성령 충만해지고 변화된 장 형제와 왕 형제를 통해 F 교회는 다시 영적으로 탄력을 받기 시작했습니다.

이 일로 저는 주님 안에서 협력 사역의 놀라운 힘을 체험하게 되었습니다. 그래서 저는 다시 리 형제와 엔 자매를 D 지역으로 훈련을 받도록 보내기로 했고 마태우스 선교사님이 이를 기꺼이 도와주셨습니다.

특히, 엔 자매는 아내가 이공대학교에서 전도하여 만난 자매입니다. 그녀는 아내와의 일대일 성경 공부를 통해 예수님이 자신의 인생에 참된 주인이심을 영접했습니다. 일대일 말씀 공부는 그녀의 인생을 송두리째 바꾸어 놓았습니다. 학과에 충실했던 그녀는 당시 우수한 성적으로 졸업을 하게 되었으며 IT 기업에 입사를 앞두고 있었습니다.

예수님을 만난 엔 자매는 기쁨이 넘쳤습니다. 너무나 순수하게 예수님을 사랑했습니다. 저는 이 자매에게 전임 사역자로의 자질이 있음을 느꼈습니다. 그래서 취업보다는 전임으로 복음 사역을 하는 삶을 살도록 권유했습니다. 지금 생각해 봐도 좋은 직장을 버리고 미래가 보장되지 않는 전임 사역자의 길을 순종하기는 쉽지 않은 일입니다.

그런데 며칠 후 자매는 전임 사역자로서 헌신하겠다고 말했습니다. 엔 자매의 결단이 너무나 놀라웠습니다. 저는 그녀를 축복하며 하나님께서 선하게 인도해 주실 것이라는 확신에 찬 기도를 드렸습니다.

저는 마태우스 선생님과 상의하여 옌 자매를 D 지역으로 보내 훈련을 받도록 했습니다. 선생님은 흔쾌히 훈련을 도와주겠다고 하셨습니다. 저는 자매가 영적 훈련을 잘 받을 수 있도록 축복하며 기차역에서 떠나보냈습니다. 옌 자매는 자신에게 주어진 훈련을 묵묵히 해냈습니다. 매주 계속되는 말씀 훈련과 전도 훈련을 통해 전도자들과 예닐곱 팀의 일대일 성경 공부를 했습니다.

하나님은 옌 자매의 헌신을 매우 기뻐하셨습니다. 삶이 보장된 직장을 내려놓고 아무도 가지 않는 십자가의 길을 걷겠다고 결단한 자매에게 하나님께서는 고통을 통해 더 강하게 훈련하셨습니다. D 지역에서의 훈련이 거의 끝나갈 즈음, 폐결핵을 앓게 된 것입니다. 병원비가 없어 이리저리 모금하게 되었고 F 교회와 D 교회 그리고 알지 못하는 분들로부터 많은 물질적 지원을 받았습니다. 옌 자매는 국가의 사회복지 지원을 받아 원래 있던 곳으로 후송되었고, 전염의 위험 때문에 감염병 전문 병원에 격리되었습니다.

옌 자매는 그 와중에 자신의 건강보다 D 지역에 두고 온 자신이 돕던 학생들의 구원과 영적 성장을 위해 기도 부탁을 해 왔습니다. D 교회와 F 교회는 이를 위해 간절하게 기도했습니다.

옌 자매의 병은 조금씩 좋아졌습니다. 옌 자매는 병원에서의 시간이 자신의 자아가 깨어지는 시간이었다고 고백했습니다. 성실함과 충성심으로 열심히 섬겼던 옌 자매는 인간적인 열심과 행위가 아닌 하나님께서 주시는 힘으로 사역하고자 하는 소원을 갖게 되었습니다.

하나님은 D 지역에서의 훈련을 통해 엔 자매에게 사명감이라는 귀한 선물을 주셨습니다. 그리고 공동생활을 하면서 일대일 말씀 훈련과 전도 훈련을 받았습니다.

초신자들에게 말씀을 전하며, 매일 영적 기본기를 갖추는 훈련을 받았습니다. 그때의 훈련을 통해 어디에서든지 예수님을 전하고 섬기는 삶을 살 수 있었음을 고백했습니다.

엔 자매와 같은 기간에 훈련을 받은 리 형제는 대학원 시험에 떨어지면서 정체성에 혼란을 겪기 시작했습니다. 리 형제는 친절하고 매너 있는 형제였지만, 이성적인 사람이어서 하나님을 마음 깊이 만나지 못했습니다. 하나님을 더 알고자 하는 소원은 있었지만, 인간적인 야망이 내면에 자리 잡고 있어 영적으로 잘 열리지 않았습니다. 저는 그가 대학원 시험에 떨어지자, D 훈련을 권유했습니다. D 훈련이 젠틀한 리 형제의 영성에 새로운 문을 열어 줄 수 있을 것 같았습니다.

하나님께서도 동일하게 리 형제의 문제를 잘 아시고 가장 적당한 시간에 D 훈련을 받게 하셨습니다. 그리고 D 지역에서 일대일 말씀 훈련과 전도 훈련을 통해 행동으로 하나님을 경험하는 믿음에 도달하게 하셨습니다. 그는 D 훈련을 통해 복음에 대해 깊이 깨닫게 되었습니다. 리 형제는 단기 선교를 통해 눈이 넓어지고 사람에 대해 관심을 갖게 되었으며 주님 안에서 형제간의 교제가 얼마나 선하고 아름다운지 경험했다고 고백했습니다. 그 후 하나님께서는 F 교회에서 처음으로 선교사를 파송하는 은혜를 주셨습니다.

등 형제는 장 형제의 고등학교 친구였습니다. 그는 장 형제가 예수님을 믿게 되어 교회 생활을 한다는 소식을 듣고 우리 교회 모임이 제대로 된 모임인지 알아보려고 2시간 거리인 M 지역에서 주말마다 내려와 예배를 드렸습니다.

처음에는 제가 어떤 사람인지 알아보기 위해 수없이 사적인 질문을 했습니다. 저는 취조 받는 듯한 질문에도 최대한 등 형제의 의심을 잠재우도록 친절하게 답해 주었습니다. 그는 수양회에 참석해서 형제자매들의 진솔한 간증을 들으면서 마음이 열리기 시작했습니다.

그는 졸업 후에 형제 숙소에도 적극적으로 들어오려 했습니다. 등 형제는 성경 공부를 하며 하나님의 주인 되심과 살아 계심을 믿게 되었습니다. 하나님께서는 그에게 특별히 선교에 대한 소원을 주셔서 교회에서 동남아 단기선교에 참여하게 하셨고, 그때 캄보디아 영혼들을 보며 캄보디아 선교사로 헌신하고 싶다는 마음을 품게 되었습니다.

저는 등 형제에게 선교사로 파송 받기 전에 먼저 D 지역에 가서 선교사 훈련을 받도록 권했습니다. 선교사 훈련은 결국 한 영혼을 사랑하는 법을 배우는 과정이었습니다. 그는 그곳에서 한 영혼의 귀함을 아는 사람으로 변화되기 시작했습니다. 공감 능력이 부족했던 그는 어떻게 다른 사람의 마음에 공감할 수 있는지 배웠고, 전도와 말씀에 대해서도 체계적인 훈련을 받게 하셨습니다.

이듬해 등 형제는 자신이 고대하던 캄보디아로 파송 받았습니다. 하나님은 등 형제를 통해 그 어떤 사람도 변화시키시고 쓰신다는 것을 알게 하셨습니다. 그리고 그 외에도 찌앙 자매와 오 형제도 D 지역에서 영적인 군사로 훈련받게 하셨습니다.

저는 D 지역에서 훈련을 마친 형제자매들은 리더로 세웠습니다. 그들이 캠퍼스의 좋은 목자요. 성경 선생으로 빚어져 가는 것을 보았습니다. 그들이 진정 이 시대를 섬길 수 있는 하나님의 종들로 성장하는 것을 볼 때, 감사가 내면 깊은 곳에서부터 흘러나왔습니다.

협력 사역이 더욱 깊어지면서 D 지역의 훈련된 리더들의 전도 여행을 F 지역으로 와서 하게 되었고, 우리 목자들과 형제자매들은 D 지역의 리더들과 함께 여러 대학의 캠퍼스에서 집회를 열었습니다. 그때 하나님은 놀라운 일들을 보여 주셨습니다.

D 지역의 리더들이 우리 교회의 리더들과 한 조가 되어 캠퍼스에 흩어져 영혼들을 만나고 집회에 초청했습니다. 그러자 우리의 형제자매들도 전도에 열심을 내게 되었습니다. D 지역 리더들의 담대한 전도에 우리 형제자매들은 복음을 전하는 데 소극적이었던 마음을 회개하고 용기를 가지게 되었습니다.

며칠간 계속되는 전도와 집회 초청으로 교회 리더들과 형제자매들은 한 영혼을 사랑하고 그들에 참 빛 되시는 예수님을 전하는 삶이 얼마나 값진지 깨닫게 되었습니다. 전도하기 위해 자비로 며칠 동안 기차를 타고 먼 곳까지 와서 도와준 D 지역 리더들의 헌신과 주님을 사랑하는 마음은 지금까지도 제 마음에 생생하게 남아 있습니다.

하나님의 은혜와 D 지역 리더들의 담대한 믿음으로 우리 형제자매들은 전도에 헌신하는 사람들로 빚어졌습니다. 마지막 날에는 예상보다 많은 사람이 초청에 응해 복음을 들었습니다. 초청된 사람들은 예수님을 알고 싶어 했으며 그중 많은 이가 예수님을 구주로 고백했습니다. 이를 본 우리 형제자매들은 그저 놀라울 뿐이었습니다. 놀라운 역사를 이루신 주님으로 인해 모두의 마음은 기쁨으로 가득했습니다.

하나님께서는 연합 사역을 참 귀하게 여기셨습니다. 비록 지역도, 음식도, 방언도, 문화도 다른 그래서 전에는 한 번도 만난 적이 없는 사람들이었지만, 예수 그리스도를 통해 하나가 될 수 있었습니다. 연합하여 주의 일을 하면서 서로 간에 십자가에서 시작된 사랑의 은혜가 넘쳐나고 지금도 연락하며 지내는 주 안에서 한 형제자매가 되었습니다.

하나님께서는 연합 전도 행사를 통해서 많은 열매를 남겨 주셨습니다. 우리 리더들이 전도에 부담을 느끼지 않게 되었을 뿐만 아니라 예수님을 전하는 삶이 얼마나 가치 있는 것인지 깨닫게 되었습니다.

드디어 F 지역에서도 전도팀이 조직되었고 V 지역과 W 지역 그리고 X 지역 등 성 주위의 도시로 가서 전도하기 시작했습니다. 각 도시 캠퍼스에 가서 복음을 전하며 예수 그리스도를 전하고자 힘썼습니다. 저는 형제들을 예배 말씀과 설교 훈련으로 도왔고, 형제들은 하나님의 말씀을 증거하는 사람들로 빚어졌습니다. 이렇게 하나님의 은혜와 주 안에서 협력하여 이룬 우리 교회는 점차 안정적으로 성장했습니다.

3. G 지역 사역

회사의 인사이동으로 저와 아내는 6년간의 F 지역 사역을 끝내고 G 지역으로 이동했습니다. 반년 동안은 한인교회를 다니면서 쉬면서 기도하는 시간을 가졌습니다. 그리고 그 이듬해부터 아내와 저 두 사람만 예배드리며 G 교회를 개척했습니다.

몇 주 동안 새로운 사람 없이 아내와 저 두 사람이 드리는 예배는 쉽지 않았지만, 마음이 평안했습니다. 하나님께서 새로운 대학생들을 보내 주실 것이라는 기대 가운데 대학교를 위해, 청년들을 위해 기도했습니다.

그러던 중 하나님께서는 우리 가정에 오 자매를 보내 주셨습니다. 오 자매는 대학 생활 동안 형제들의 사랑을 구하며 몇 번이나 사귀었지만, 모두 배신을 당하고 버림받았습니다. 자신이 그렇게 살 수밖에 없는 이유는 아버지의 무관심과 억압, 폭력 때문이라고 했습니다. 아버지의 사랑을 갈구한 그녀는 형제들의 사랑에 집착하던 사마리아 여인이었습니다.

그녀는 자신만을 사랑해 줄 수 있는 형제를 원했습니다. 그녀는 대학 시절 4년 내내 형제들의 사랑을 갈망하면서 살았습니다. 그러나 교제했던 학교 남학생들은 육체적인 욕구만 채우기를 원했고 그녀는 그들에게 너무 집착한 나머지 결국 헤어지고 또 새로운 사람을 만나는 것을 반복했습니다.

그러던 그녀가 일대일 성경 공부를 통해 그동안 헛된 곳에서 목마름을 채우려 했던 자기 모습을 보았습니다. 예수님이 얼마나 좋은 분이신지 그리고 자신의 참된 남편이 되시는 분인지를 깨닫게 되었습니다. 그녀는 깊이 회개한 후, 영생수가 되시는 예수님께 자신을 드리고 싶다는 소원을 갖게 되었습니다.

오 자매는 우리와 함께하기 위해 모임에 오게 되었고, 우리와 함께 드리는 예배를 통해 그녀의 마음은 기쁨과 하나님의 사랑으로 채워지기 시작했습니다.

이번에는 하나님께서 우리 딸과 아들의 대륙어 과외 교사로 리 자매와 손 자매를 붙여 주셨습니다. 그들이 과외를 하기 위해 매주 우리 집에 올 때마다 아내는 간식으로 섬겼습니다. 저와 아내는 그들의 마음이 열리게 해 달라고 간구했고, 어느 순간부터 리 자매와 손 자매의 마음이 열리기 시작했습니다. 우리는 그들을 일대일 성경 공부에 초청했습니다. 하나님께서는 먼저 리 자매의 마음을 열어 주셨고, 곧이어 손 자매의 마음도 열어 주셨습니다.

리 자매는 세상의 성공에 목마른 사람이었습니다. 과에서 수석을 할 정도로 공부를 열심히 했습니다. 성경 공부를 통해 리 자매는 예수님을 구주로 영접했습니다. 예수님을 영접한 리 자매는 예배에 자신의 기숙사 친구들을 데리고 왔습니다.

손 자매는 성실한 자매입니다. 1남 2녀의 장녀였고 책임감이 강했습니다. 우리 둘째 딸에게 대륙어를 가르칠 때도 언제나 최선을 다했습니다. 하나님께서는 성실한 손 자매에게 예수님을 알도록 돕기를 원하셨습니다. 아내는 말씀 공부로 초청했습니다. 성경 공부를 하면서 착하게 살아온 손 자매는 자신이 죄인임을 잘 깨닫지 못했습니다.

그런데 계속되는 학업 속에서 리 자매와의 경쟁으로 인해 시기심에 고통받는 자기 모습을 발견하게 되었습니다. 친구와 잘 지냈지만, 마음 한 켠에서 공부로는 이길 수 없는 리 자매를 시기하고 미워하고 있었습니다. 아내는 손 자매 속에 있는 시기심과 열등감을 직면하도록 곁에서 인내하며 함께 씨름했습니다. 결국 손 자매는 시기심과 열등감으로 늘 불안한 자기를 인정하게 되었습니다. 그녀는 열등감과 시기심의 죄를 회개하고 예수님을 영접했습니다.

얼마 지나지 않아 저와 아내 그리고 세 명의 자매와 새로 온 기 형제와 함께 G 교회는 본격적으로 시작되었고, 저는 다시 연합 사역의 필요성을 느끼고 전도팀을 보내 주시도록 D 지역에 요청했습니다. D 지역의 리더들이 전도팀을 조직하여 G 지역으로 내려왔습니다.

우리는 G 지역의 주요 대학을 중심으로 집회를 열었는데, 이 대학들은 외부인에 대한 관리가 엄격했습니다. 전도 대상자들을 찾는 것이 쉽지 않고 캠퍼스에 들어가서 전도할 때 쫓겨나기도 했습니다. D 지역 리더들은 F 지역에서와 마찬가지로 이번에도 G 지역의 형제자매들과 연합하여 짝을 이루어 전도에 나섰습니다. D 지역 리더들의 영적인 열정을 G 지역의 형제자매들도 배우기 시작했습니다.

생전 전도를 해 본 적이 없던 G 지역의 형제자매들이 생전 알지도 못하는 사람에게 예수 그리스도를 전하게 된 것입니다. F 지역에서보다는 시간이 걸렸고 현지인들의 반응은 더 무관심했습니다. 그럼에도 D 지역 리더들의 포기하지 않는 모습은 G 지역의 형제자매들에게 큰 도전이 되었습니다. 때가 되자, 하나님께서 전도의 문을 열어주시고 G 교회가 하나님의 은혜로 성장하게 하셨습니다.

D 지역의 한 리더 제자가 한 달 이상 G 지역에 머무르며 D 지역에서 받은 훈련의 상세한 내용을 우리에게 전수해 주었습니다. 제가 알 수 없는 현지인만의 전도 비결과 제자 양성의 노하우를 자세히 전해 주었습니다. 돌아보면 F 교회와 G 교회는 D 교회로부터 참 많은 사랑의 빚을 졌습니다.

초기에 불안정했던 사역이 몇 번의 협력 사역으로 안정되었고, 제자 간의 사명과 비전이 공유되며 영적 훈련을 통해 그리스도의 군사로 변화되었습니다. 그뿐만 아니라 대륙의 선교 현실이 외부와 차단된 고립된 느낌에서 연합 사역으로 '더 이상 혼자가 아니다!'라는 동지애를 지역과 언어와 문화가 다른 곳에서도 느낄 수 있었습니다.

또한, 복음을 전하는 것이 가장 긴급한 구원의 방편임을 알고 그 사역에 헌신된 사람들이 얼마나 가치 있고 고귀한지 느꼈습니다. 무엇보다도 거리가 멀지만 자비로 와서 헌신적으로 섬기던 D 지역 제자들의 구김 없는 얼굴들이 저를 흐뭇하게 했습니다. F 지역과 G 지역의 제자들은 지금까지도 D 지역의 제자들과 소통하며 서로 격려하며 지내고 있다는 사실만으로도 연합 사역에 대해 늘 마음 깊이 감사하게 됩니다.

> 보라 형제가 연합하여 동거함이 어찌 그리 선하고 아름다운고 머리에 있는 보배로운 기름이 수염 곧 아론의 수염에 흘러서 그의 옷깃까지 내림 같고 헐몬의 이슬이 시온의 산들에 내림 같도다 거기서 여호와께서 복을 명령하셨나니 곧 영생이로다(시 133:1-3).

코로나 시기를 지내면서 저와 아내는 한국으로 돌아왔지만, 그동안 선하게 역사하신 하나님께서 여전히 그들 속에서 일하신다는 것과 그들이 한마음으로 연합하여 지내기를 원하신다는 것을 알고 있습니다. 하나 되게 하신 하나님의 놀라우신 은혜가 마음에 감사로 늘 남아 있습니다.

선배들이 이루어 놓은 사역의 길을 좇아가는 것은 어쩌면 본보기가 있어 비교적 수월할 것 같지만, 그 본에 누가 되지 않게 가는 길은 참 어려운 일이라고 생각합니다. 마태우스 선교사님과 사라 선교사님께서 이루신 아름다운 사역의 길은 저와 아내에게 늘 모범이 되었고, 나아갈 방향을 제시해 주었습니다.

무엇보다도 저희 부부를 마음 깊이 사랑해 주시고 때로는 우리의 무리한 요청에도 늘 변함없이 관심을 가지고 지원을 아끼지 않으셨습니다. 연합 사역의 소중함을 아시고 무한한 사랑의 본을 보여 주시며 늘 인격적인 대화와 격려로 함께해 주신 마태우스 선교사님과 사라 선교사님께 무한한 존경과 감사의 마음을 전합니다. 이 글을 통해 두 분께 진심 어린 감사와 사랑의 마음을 전합니다.

그리고 사실, 마태우스 선생님의 회고록에 부족한 저와 아내의 사역이 들어가는 것이 혹시 누가 되지 않을까 염려되어 처음에는 사양했습니다. 그러나 용기를 주시고 권고하시는 선생님의 마음을 알고 써 보기로 했습니다.

그러나 글을 쓰는 이 순간에도 그 부담감으로 인해 여전히 그만두고 싶은 마음이 불현듯 듭니다. 그럼에도 우리의 사역은 하나님께서 친히 이루신 일이며 사랑의 연합으로 열매 맺는 사역이라는 것을 알기에 감사하는 마음으로 나누라고 하시는 성령님의 음성을 좇아 나누고자 합니다.

대륙에서 선한 일을 시작하신 분도 하나님이시며 그 일을 예수 그리스도께서 오실 때까지 이루어 가실 분도 하나님이심을 고백합니다. 대륙 사역에 잠시나마 쓰임 받을 수 있었다는 것이 저와 아내에게는 너무나도 큰 은혜임을 고백하지 않을 수 없습니다.

저와 아내는 두고 온 대륙의 제자들이 하나님의 사랑을 알고, 그 사랑을 전하는 예수님의 제자로 성장해 또 다른 제자를 세우는 귀한 사람들로 빚어져 가고 있음에 감사합니다. 하나님의 일하심을 믿고 하나님께서 함께하실 것을 바라보고 이제 국경을 넘어 연합 사역의 길을 열어 가실 하나님을 기대해 봅니다. 감사합니다.

CLC의 선교사 이야기 시리즈

1. 네가 믿으면 하나님의 영광을 보리라
   오 스데반 지음 | 신국판 | 200면

2. 하나님의 손길 아래
   홍기영 지음 | 신국판 | 496면

3. 길따라 바람따라
   홍기영 지음 | 신국판 | 480면

4. 세계 선교와 한국 여성선교사들
   이정순 지음 | 신국판 | 408면

5. 끝나지 않은 이야기
   이계절 지음 | 신국판 | 255면

6. 청년아 이 세대를 본받지 말라
   박길웅 지음 | 신국판 | 224면

7. 안식: 광야는 변하지 않는다
   김선호 지음 | 신국판 | 256면

8. 인도 선교의 이해 I
   진기영 지음 | 신국판 | 376면

9. 인도 선교의 이해 II
   진기영 지음 | 신국판 | 360면

10. 아프리카의 작은 천국 레소토
　　김억수 지음 | 신국판 | 192면

11. 두 갈래 길
　　이계절 지음 | 신국판 | 200면

12. 과학자 계의돈 박사의 한국 선교 이야기
　　이정순 지음 | 신국판 | 360면

13. 성령의 능력 받아 땅끝까지
　　이창수 지음 | 신국판 | 352면

14. 도서관 전문인 선교사 이야기
　　서은자 지음 | 신국판 | 252면

15. 선한 싸움 다 마치고
　　황주영 지음 | 국판변형 | 172면

16. 선교는 기쁨이다
　　이병성 지음 | 신국판 | 196면

17. 필리핀 선교 이야기
　　문지훈 지음 | 신국판 | 220면

18. 공기원 선교사의 기도 편지
　　황주영 지음 | 국판변형 | 148면